LA COMMUNE DEVANT LA JUSTICE

CROQUIS RÉVOLUTIONNAIRES

Par M. POF

BLOIS 1870 — VERSAILLES 1871

PARIS
E. DENTU, ÉDITEUR
LIBRAIRE DE LA SOCIÉTÉ DES GENS DE LETTRES
PALAIS-ROYAL, 17 ET 19, GALERIE D'ORLÉANS

1872

LA COMMUNE DEVANT LA JUSTICE

CROQUIS
RÉVOLUTIONNAIRES

PARIS. — IMPRIMERIE DE E. DONNAUD, RUE CASSETTE, 9

LA COMMUNE DEVANT LA JUSTICE

CROQUIS RÉVOLUTIONNAIRES

Par Mᵉ Pof

BLOIS 1870 — VERSAILLES 1871

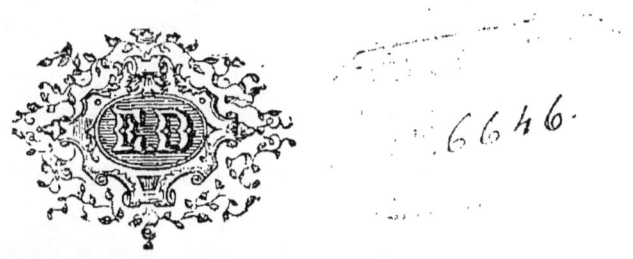

PARIS
E. DENTU, ÉDITEUR
LIBRAIRE DE LA SOCIÉTÉ DES GENS DE LETTRES
PALAIS-ROYAL, 17 ET 19, GALERIE D'ORLÉANS
—
1872
Tous droits réservés.

PREFACE.

Il y a un an que ces *notes*, publiées d'abord dans *Paris-Journal*, auraient dû paraître. Des circonstances très-particulières, et où je ne suis pour rien, leur ont infligé ce retard.

En me décidant à les réunir en un volume, je reconnus, déjà l'année dernière, que les considérations qui m'y poussaient étaient d'ordre assez médiocre, n'intéresseraient personne. Aujourd'hui il me manque jusqu'au prétexte de l'actualité.

Néanmoins je persiste.

Pourquoi ? Vous m'embarrassez.

Ne voulant pas rester coi, je cherche dans les petites raisons qui me déterminent, une raison qui, sans être excellente, soit au moins présentable.

Je crois que je la tiens. Je vais vous la donner.

Cela m'obligera à parler un peu politique. Je me méfie de la politique. Je la trouve hérissée, encombrée de difficultés, d'obscurités, de responsabilités, — de toutes sortes de choses faites pour déconcerter les simples que ne dévore pas la rage de ne pas rester des simples, et qui aiment la bonne foi. La politique me fait peur, et je m'étonne que le commun s'y rue avec une âpreté si naïve et si furieuse.

A ce sujet, il y a quinze mois, j'ai eu une grosse déception. On m'a dit que c'était bien fait. Je ne crois pas.

Comme un certain nombre de mes concitoyens, j'avais depuis quelque dix ans, mes idées sur le principe républicain. Je lui trouvais de la simplicité, de la grandeur, et, sans penser à mal, je n'hésitais pas à le proclamer essentiellement supérieur au principe monarchique. Je proclamais cela avec les raisons de tout le monde, mais avec une ardeur qui n'est pas celle de tout le monde.

Je pourrais dire que l'Empire favorisait mes tendances républicaines, par le vilain spécimen qu'il m'offrait de la monarchie, mais ce ne serait pas vrai. Mes préférences, ma foi, — je puis dire, — avaient un caractère absolument théoririque. Le comte de Chambord, un de ces messieurs d'Orléans, étant roi, j'aurais de même crié de toute la force de mes jeunes poumons : « Vive la République ! »

Que voulez-vous. Chacun a son idée, comme on dit.

Je ne me dissimule pas qu'en politique, il est infiniment plus sage de ne pas s'obstiner à des formules, des systèmes tout faits. Le monde se gouverne bien plus par le concret que par l'abstrait.

Je le sais, mais on ne fera pas que des hommes jeunes, quand ils sont des hommes ordinaires, n'aient pas un besoin fougueux de croire à une vérité absolue et commode. Demandez aux sectaires.

Dans mon humilité j'appartenais donc

au parti républicain. Je l'aimais mon parti ; je le jugeais généreux, probe, vaillant, et je me persuadais qu'il écrasait de toute son austère grandeur, les autres partis, les coteries fabriquées de tous les égoïsmes, de toutes les bêtises, de toutes les méchancetés humaines. Je pense encore de certains républicains qu'ils valent mieux que les autres hommes; mais je ne pense plus du parti républicain qu'il vaut mieux que les autres partis.

Il a fait depuis un an des choses qui m'ont surpris et chagriné. Je sais qu'il a été politique, mais il me serait difficile de reconnaître qu'il a été digne. J'ai dit, sur ce point, mon sentiment à deux ou trois dont les discours, les plaidoiries, les articles, les lettres m'avaient particulièrement choqué. Ils ont énormément ri, m'estimant très-naïf.

Voici la petite histoire de ma naïveté :

Je n'ai pu, et je ne puis encore m'imaginer qu'il y ait rien de commun entre l'idée républicaine et les instincts farouches d'où est sortie, toute vivante, l'insurrection du 18 mars. Je ne parle pas de ses crimes, de ses assassinats, de ses incendies.

Je parle du principe même de l'insurrection. Eût-elle été modérée, circonspecte, patiente, que je ne lui pardonnerais pas davantage sa folie et son imbécillité. A mon gré, il n'y avait qu'un argument à opposer aux nigauds sinistres du Comité central : l'écrasement, l'écrasement absolu, terrible. Pour un homme pacifique, c'est assez atroce, ce que je dis là.

Il faut pourtant s'entendre. La République est-elle oui ou non le règne de la loi? et y a-t-il, sous un régime républicain, de plus criminel attentat que celui qui consiste, non pas à violer la loi, mais à la supprimer? Je ne croyais pas qu'un républicain pût faire à cette question une réponse ambiguë. J'ajoute même que, connaissant l'exaltation d'âme et l'étroitesse naturelle d'esprit des républicains qu'on appelle radicaux, je m'attendais à les trouver à l'heure de la répression parmi les plus implacables. Je ne dis pas qu'ils auraient eu raison, mais, en manquant de pitié, ils eussent au moins marqué leur respect de la logique. Ç'eût été simple, car c'est l'abus de la logique même qui les a faits ce qu'ils sont.

Mais, en ce point, je n'ai pas eu à remarquer leur insensibilité. Tous, et les plus respectés, les plus forts, se sont émus, tristement émus. Il ne s'en est pas levé un, — j'entends parmi les ardents, les purs, — pour dire crûment à cette « bande de forçats » : Vous êtes « une bande de forçats. » Ils l'ont au contraire excusée, flattée, si bien que de bonnes âmes se sont demandé si le mot République signifiait qu'on allait arracher tant bien que mal, des malsaines profondeurs de la populace parisienne, une aristocratie de brutes et lui livrer le gouvernment du monde.

A en juger par les discours, les écrits, les promesses de certaines illustrations du parti, ces bonnes âmes n'étaient point tant sottes.

Mais il importe de se le bien dire, — les radicaux non plus ne sont pas des sots. Leurs hypocrites complaisances s'expliquent d'ailleurs assez simplement. Par toutes sortes de raisons, les rangs de l'insurrection se sont grossis outre mesure, — une bonne partie de la population parisienne y a pris part. Nos radicaux ont dès lors compris qu'en disant leur pensée à tant de monde, ils courraient le risque de désobliger beaucoup de leurs électeurs. Il paraît qu'un électeur désobligé n'est plus un électeur. Cela les a fait réfléchir. D'abord ils se sont tus, ce qui était déjà assez piteux. Puis ils sont allés de l'avant, voulant garder leurs gens. Ils ont fait des réserves, ont distingué ; puis ont distribué des sympathies, des poignées de main, des pleurs, des grimaces. — A qui ? — Aux pires ennemis de la République, que ces lâchetés ont sacrés républicains, et même quelquefois martyrs. Des hommes que j'admirais, que j'aimais, que je respectais ont mis la main, depuis un an, à cette dégradante besogne. Il y en a un ou deux que j'admire encore, car ce sont des artistes ; mais, malgré ma répugnance pour les grands mots, il m'est impossible de ne point penser qu'ils se sont à tout jamais avilis.

Une objection m'a été posée timidement. On ne fait pas de la politique avec sa dignité, m'a-t-on dit, mais avec des hommes. Il ne faut ni irriter, ni froisser le suffrage universel. Si nous rebutons ces malheureux, où iront-ils? Flattons-les pour les adoucir. C'est l'histoire des mouches et du vinaigre.

Je reconnais que le suffrage universel doit être ménagé, mais ce ne serait peut-être pas mal de ne le point démoraliser, le corrompre. En tout cas, il demeure acquis désormais que cette grande institution provoque des débordements de servilité inconnus jusqu'ici. Néanmoins, je l'avoue de même, l'objection n'est pas sans valeur. La souplesse est décidément une des vertus primordiales de l'homme politique, et ces messieurs ne sont vraiment pas trop fiers. Pour ma part, il ne me reste plus, — ce qui m'arrive rarement, — qu'à remercier la Providence dont la sagesse, en me faisant naître parmi les chétifs, m'a au moins épargné la tentation de concourir avec les saltimbanques.

Mais mon abstention n'empêche pas que la République radicale sera un de ces quatre matins le gouvernement de la France.

Cette perspective, qui m'eût réjoui il y a quinze mois, aujourd'hui, je le confesse, me réjouit beaucoup moins.

C'est un peu à cause de cela que je publie ces notes. Je les ai prises avec attention, scrupule. On m'a assuré qu'elles étaient exactes. Je le crois.

Si par aventure elles tombent sous les yeux d'un de nos futurs maîtres, elles lui procureront la bonne fortune de se rencontrer avec les principaux chefs de la Commune de Paris, — ces doux égarés sur lesquels on s'apitoie avec tant de sincérité, de franchise. Qui sait? Peut-être lui rappelleront-elles, à cet intègre républicain, à quelles espèces médiocres et viles il faudra donner la main, des places, demander des services. Qui sait?... Si elles allaient le faire hésitant, dégoûté·

Ce serait trop beau, en vérité, et je n'y compte guère.

A ce point de vue, cependant, je crois pouvoir dire que la publication des *Croquis Révolutionnaires* n'est peut-être pas absolument inutile.

Je dis « je crois, » car je n'en suis pas sûr.

M^r. POF.

Août 1872.

CROQUIS RÉVOLUTIONNAIRES

LA COMMUNE

DEVANT

LA JUSTICE

LE

MENU DE L'AUDIENCE

Versailles, 7 août 1871.

Il y a un an, à pareil jour, à pareille heure, nous quittions Blois, le cœur serré, humilié, étreint par une angoisse atroce. Pour la première fois de notre vie nous voyions le drapeau français insulté, pour la première fois de notre vie nous connaissions cette honte de se dire, étant Français : « la France est vaincue! » Nos zouaves, nos turcos, nos chasseurs, notre armée avait été vaincue! On parlait même de déroute, et ce mot terrible, Reischoffen, était répété par toutes les bouches, maudit par tous les cœurs.

Le procès était fini. La Haute-Cour avait jugé ; et des hommes étaient condamnés aux galères, à la prison, à la déportation, d'autres hommes étaient acquittés. Il importait peu ! ce qui la veille s'imposait à la pensée, ce jour-là la pensée le dédaignait. Qu'était-ce que ces quelques innocents et ces quelques coupables dans le prologue du sombre drame qui commençait ?

Aujourd'hui, cependant, nous retrouvons, — date pour date, — quelques-uns de ces hommes, et nous les retrouvons assis sur les bancs du conseil de guerre comme ils l'étaient alors sur ceux de la Haute-Cour. Cette fois il ne s'agit plus de complot, d'associations, d'intentions, il s'agit de choses faites, épouvantablement faites. C'est à tort, même accablé par notre douleur, que nous avons dans la défaite dédaigné, oublié certains révoltés, certains Français ; nous aurions dû nous en souvenir, au contraire, car ils nous ont fait connaître des humiliations et des dégoûts qui dépassent en intensité et en horreur tout ce que la domination étrangère nous a infligé de pis.

Et pourtant ce n'est pas sans appréhension que nous allons noter au courant de la plume ce qui nous paraîtra digne d'être noté, en ces graves débats qui s'ouvrent aujourd'hui. Quelque grands que soient les forfaits de ceux qui comparaissent devant la justice, il nous est impossible de ne pas comprendre que nous devons faire taire nos indignations, nos colères, et ne voir en ces hommes que des accusés, c'est-à-dire des innocents possibles. Nous nous appliquerons donc, toutes rapides et légères que seront nos observations, à ne les faire qu'avec le sentiment sérieux et réfléchi du devoir que nous imposent les circonstances, la justice et notre propre dignité.

LA SALLE.

C'est une salle très-immense, très-bête, qui ne signifie rien du tout. De grands murs, de grandes fenêtres, un grand espace où se perdent l'estrade dressée pour le conseil, les gradins réservés aux accusés, aux avocats, aux journalistes, aux témoins, à ceux-ci, à ceux-là, et le parterre réservé à tout le monde, et où tout le monde piétine, essayant d'entendre, se pressant, s'entassant, mais ne s'étouffant pas, faisant sans doute cette réflexion que, puisqu'on n'entend rien, il faut se contenter de voir.

Les choses que l'on voit n'ont, à vrai dire, rien de bien absorbant. Le regard les touche, les quitte avec la même indifférence. On a procédé avec une simplicité toute militaire. Ni franges, ni soies, ni dorures; — derrière l'estrade, une façon de tenture étriquée, en serge verte, qui semble avoir été jetée là, de ce matin, comme un paravent d'occasion; — longeant la tenture, une vingtaine de chaises en velours grenat, qui ont un pauvre air résigné, mélancolique; — accrochées aux gigantesques châssis vitrés qui tiennent lieu de fenêtres, des loques blanches de calicot dont le soleil n'a nul souci. Il s'en donne à son aise, ce brave soleil d'août. Il entre, il sort, il apparaît, disparaît, par instants y met de la discrétion, puis brusquement s'impose et vous tombe sur les épaules, sur la nuque, sur le front, sur les yeux, en maître. C'est très-dur.

De chaque côté, en avant et au-dessous de l'estrade, les bancs des accusés, la barre, — et la *tribune* des journalistes. Les avocats n'ont rien à dire, mais les accusés et les journalistes pourraient très-bien ne pas être contents. La *tribune* de la presse est une sorte de perchoir en bois blanc, où ceux de nos confrères qui n'ont pas pratiqué assidûment la gymnastique ont dû éprouver quelque difficulté à se jucher. On s'assied comme on peut sur une petite planchette mal rabotée, couverte de sciure, large comme la main, — une main de patricienne, — et au-dessus de laquelle se trouve un pupitre plus petit encore, mais raboté de même, tout neuf, tout blanc, qui empeste la résine. Il paraît que ce pupitre a été mis là pour les journalistes qui voudraient prendre des notes.

Les accusés n'ont pas ce pupitre, mais ils ont la même planchette que mes confrères et moi ; — cela est militaire, rustique, j'y consens, mais de même que les tours que nous joue le soleil, cela est dur.

Le public qui s'assied est mieux partagé ; il a des banquettes, sans dossier, mais avec du crin dedans, — de vraies banquettes. Il n'est pas d'ailleurs très-nombreux. Les dames dominent. On avait dit qu'elles ne devaient pas être admises ; mais c'était pour rire. Il y en a beaucoup en grand deuil, et aussi beaucoup en violet, en gris, en bleu, avec des fleurs, des éventails, de petits falbalas qui sont modestes, pas trop choquants, pas choquants du tout, en somme.

A midi sonnant, le conseil n'est pas encore entré en séance.

Les bancs placés sur la même estrade que ceux où s'assiéront les accusés, se garnissent peu à peu de gens précédés et suivis de gendarmes. Ce ne sont point les accusés, mais le témoins détenus. Parmi eux je distingue le long, l'étrange visage de M. Cavalié, dit Pipe-en-bois, puis un officier de l'armée en uniforme ; puis une jeune femme en noir, blonde, avec un regard perçant, étonné ; elle a vingt ans au plus, ne semble pas émue, grignote du chocolat, sourit, bâille. C'est Mme Leroy, — l'amie, la maîtresse, la concubine, l'amante, — comme vous voudrez — de l'accusé Urbain.

Ces témoins se casent de leur mieux. Au bout de chaque banc : un gendarme, — et c'est tout.

L'ENTRÉE DE COURBET

Voici un accusé, un seul.

Il descend les gradins doucement, j'allais dire sournoisement. Il prend des précautions. Ses bottes touchent-elles le bois de l'estrade ? je ne sais, — on n'entend rien. Il baisse la tête. L'attitude est lourde, embarrassée, modeste et triste. On ne voit pas encore le visage, et cependant, tout de suite, on devine que cet homme qui, suivi d'un gendarme, vient s'asseoir avant les autres, le premier, et tout seul, sur ces bancs, est un homme qui souffre. D'ailleurs, il est peu remarqué. Il ne dit rien, ne fait signe à personne, ne salue personne. Dans la salle, cependant, il a des amis, de nombreux amis. Il s'assied, lève la tête. Tous le reconnaissent : c'est Courbet.

Oui, ce vieillard, morne, accablé, à l'œil douteux, éteint, c'est le maître puissant auquel la peinture moderne doit les *Sources de la Loue*, l'*Enterrement à Ornans*, les *Casseurs de pierre*, la *Curée* et la *Remise aux chevreuils*.

Vingt ans ont passé, en quelques semaines, sur ce visage naguère si vivant, mais vingt ans de douleur, d'angoisses, de désolation.

Vous souvenez-vous de cette scène où, terrassé par l'adversité, le roi Lear, de Shakspeare, s'écrie dans un accès de désespoir fou, et se demandant s'il rêve, par-delà le tombeau, de choses atroces : « Réponds, Lear? es-tu Lear? ou seulement le fantôme de Lear? » Elle m'est revenue à la mémoire en voyant apparaître ce malheureux, ce grand artiste, qui se meut, marche, parle encore, mais semble pour ainsi dire ne plus vivre que d'une vie inférieure, pauvre, qui n'est plus la vie puissante et libre qui fut la sienne.

Où est-il ce sourire, satisfait et finaud, qui révélait si parfaitement le Franc-Comtois, joyeux de la vie, fier de son œuvre, lourd et câlin tout ensemble ? Où est l'éclair si franc de ce regard caressant, décidé, où se lisaient la grosse joie du paysan et l'infatuation de l'artiste ? Où sont toutes les choses dont était faite cette nature pleine de séve, de force, d'audace et de patience ? Je ne sais, mais quel que soit le sort que la justice militaire réserve à Courbet, je crois bien que nous ne les verrons plus jamais.

L'ENTRÉE DES AVOCATS

se fait sans le moindre ensemble. Ces messieurs arrivent un à un, s'arrêtent en route, bavardent, donnent des poignées de main, en reçoivent, et ont tous l'air très-vainqueur.

Je reconnais beaucoup de défenseurs du procès de Blois : MM^{es} Gâtineau, Léon Bigot, Delzant, André Rousselle, Manchon, Lachaud, Lachaud fils.

De plus, voici MM^{es} de Sal, Laviolette, Thiroux, Albert Joly, Carraby et Deschar. Ce dernier doit plaider pour Jourde ; Me Carraby l'assistera simplement. Il paraît que le cas de ce Jourde n'est pas désespéré.

L'ENTRÉE DES ACCUSÉS

est un peu plus régulièrement exécutée, mais pas trop. Deux, trois, quatre de ces messieurs paraissent, se suivent, descendent, prennent place ensemble, ou bien, se séparent, chacun choisissant son banc.

C'est Ferré qui ouvre la marche. Nous le connaissons de longue date : il était à Blois, lui aussi. Il y fit un tapage d'enfer, cria au prési-

dent : « Je suis socialiste, communiste, athée !
quand je serai le plus fort, gare à vous ! » Il
fut exclu à cause de cela, revint à l'audience,
refusa de répondre, ne voulut pas d'avocat, et
finalement fut acquitté. Ici comme là-bas, il
ne veut pas d'avocat. Comme là-bas on lui en a
donné un malgré lui — M⁰ Marchand — je
crois ; ce qui m'inspire une véritable compassion pour M⁰ Marchand.

Ferré est le même personnage : un vilain
petit bonhomme nerveux et noir, avec un nez et
bec d'épervier démesuré, des yeux ronds, farouches, un front tout droit, qui n'est peut-être
pas le front d'une brute, mais celui d'un fanatique.

Il remue sans cesse, se touche la barbe, les
lèvres, cause, sourit, fait des grimaces.

Assi, qui le suit de près, est lui, un très-bel
homme. Il descend lentement, se compose une
attitude de défi, dont il atténue un peu la roideur par je ne sais quelle façon à la fois douce
et dédaigneuse. Il semble dire : « Je suis au-
dessus de ces misères. D'ailleurs, je suis plus
fort que vous. D'un mot je vais montrer la

néant de vos accusations. Après tout, ce mot, le dirai-je? Je ne sais pas. Il me plaît de me persuader que je suis plus grand que le Destin ! » Très-nonchalant, un peu gai, insolent, il se place à côté de Ferré, à qui il raconte des histoires : blond, des yeux bleus, la mâchoire lourde, une barbe soyeuse : quelque chose de Jean de Leyde, — le roi-prophète.

Puis vient Urbain, qui n'est pas beau, paraît plus inquiet, se tourne, se retourne, n'a pas l'air content de son public ; puis Billioray, un grand gaillard bien découplé, mélancolique, — de cette mélancolie prise on ne sait où, qui est familière aux saltimbanques ; puis Jourde, jeune aussi, plus sympathique parce qu'il semble plus sincère, — un regard qui va droit devant lui, très-clair, un front non vulgaire, un de ces fronts comme on n'en voit pas partout ; puis Trinquet, Champy, Régère, Lullier avec son air hautain de bravache lunatique, — Rastoul, Grousset qui se redresse, veut être très-crâne et y réussit mal, Verdure, Férat, Clément, de Poligny (Jura), qui parle du « pays » à Courbet, qui ne répond pas ; enfin

Parent, très-tranquille, sans doute parce qu'il est très-peu compromis.

L'ENTRÉE DU CONSEIL

s'effectue en bon ordre, mais n'a rien d'imposant.

Le sous-lieutenant qui commande le détachement de service, de sa plus belle voix dit aux quatre sentinelles en armes placées sur l'estrade.

— Portez... armes !
— Présentez... armes !

Le conseil s'installe.

Tous ces messieurs ont l'air grave et digne ; tous sont des soldats, de vaillants soldats estimés, respectés. Nous le savons, et cependant, je le répète, cette entrée, qui aurait pu être solennelle, imposante, ne l'est pas.

Pourquoi ?

Je crois la question compliquée. L'uniforme qui signifie la bravoure, l'honneur, l'action, ne semble pas tout à fait à sa place en ces aventures, où la réflexion, la science, la méditation doivent tenir le premier rang. Ces épaulettes, ces armes, font certainement plus bel effet au grand air libre, étincelant sous le soleil, emportées au galop des chevaux de bataille, que grisent, rendent fous les nuages de poussière, l'espace, les cris des chefs, le magnifique et joyeux tapage des fanfares. Ici, dans une salle d'audience, elles semblent un peu inutiles, un peu ternes. L'hermine, la robe rouge, les visages rasés, les vieilles têtes fines des conseillers de la Haute-Cour, avaient, je vous assure, bien meilleur air.

Il y a beaucoup à dire sur ce point, mais M. le commissaire du gouvernement,

M. LE COMMANDANT GAVEAU

ne nous en laisse pas le temps.

C'est lui qui fait la lecture de l'*Exposé général* des faits et *des causes de l'insurrection*.

Cela dure longtemps.

M. Gaveau est un homme jeune encore. Il

y a en lui je ne sais quoi de timide, de ferme et de vaillant qu'on rencontre souvent chez les militaires, et que, pour ma part, je trouve tout à fait sympathique.

Pendant cette lecture et celle qui a suivi, Assi et Ferré se sont montrés particulièrement joyeux. Ils ont ri, haussé les épaules, se sont renversés en arrière, ont fait des gestes, pris des poses. Ils avaient sans doute de bonnes raisons pour cela, mais les moins nerveux ont été surpris de ces démonstrations, où le dédain, l'étonnement, l'incrédulité, la méfiance paraissaient le disputer à la gaudriole, au calembour.

Des avocats leur ont cependant donné la main, à eux et à d'autres. Si nous avions l'honneur de porter la robe de ces messieurs, nous croyons que nous y mettrions un peu plus de discrétion. Ils sont innocents, direz-vous. J'y consens ; mais alors, mes maîtres, sachez commander, en public du moins, aux exigences de votre tendresse, ayez un peu de patience, attendez que cette innocence soit proclamée, et alors couvrez-la de baisers, si cela vous plaît, à la face de tous. Oui, faites-le, mais plus tard.

Non ! c'est vrai. Cela m'a peiné de voir des avocats donner la main à ces gens.

Versailles, 8 août 1871.

Il fait plus chaud qu'hier. Un air lourd, brûlant, circule péniblement entre ces murs de pierre, sous cette toiture de plomb qui s'entr'ouvre de telle sorte, vers son milieu, que le soleil, perçant les vitres, tombe dans la salle à pleins rayons, dore la poussière, échauffe le plancher, les bois des gradins, et fait de la salle une fournaise où chacun étouffe, grille, suffoque de son mieux. Ceux-ci se plaignent, mais s'obstinent, demeurent : — ceux-là semblent se résigner, et furtivement, sans le dire, gagnent la porte, et vont chercher ailleurs quelque ombre, quelque fraîcheur. Ce sont peut-être des sournois, mais ce sont à coup sûr des heureux.

La séance fait comme l'air discret de la salle, elle se traîne comme elle peut d'une allure pesante et monotone. On entend beaucoup de témoins qui se ressemblent, se répètent, sont pour la plupart parfaitement ennuyeux. C'est de Ferré qu'ils parlent, et généralement ils le ménagent peu.

Tout au début de l'audience, quelques mots un peu vifs ont été échangés.

Me Dupont de Bussac, qui n'est plus très-jeune, est encore très-bouillant. Il dit les choses les plus simples avec un accent tel qu'on jurerait qu'il s'agit des choses les plus terribles, et si bien que M. le commissaire de la République s'y est trompé.

A son tour, il s'est un peu fâché, a dit à la façon de M. de Saint-Vallier : « Une insolence de plus. C'est bien, mon silence seul y répondra. »

Y avait-il, comme l'a dit M. le commandant Gaveau, une insolence ? Nous ne le croyons pas.

Me Dupont de Bussac est une homme de tact, d'expérience, de bonne compagnie, et il nous répugne absolument d'admettre qu'il ait voulu blesser en quoi que ce soit la susceptibilité de M. le commissaire du gouvernement. Il a du reste parlé de robe, d'uniforme, de liberté professionnelle ; je n'ai pas trop compris.

M⁰ Marchand, l'avocat d'office de Ferré, a jeté quelques notes de son cru dans cette petite tempête, qui s'est calmée assez vite et tout doucement.

M⁰ Marchand est un jeune avocat qui me semble plein d'ardeur. Tant mieux pour son client, à moins que ce ne soit tant pis.

Ce client,

FERRÉ

n'est décidément pas un personnage sympathique. Je ne sais pas trop ce qu'il veut ni à quoi il tend, et je doute qu'à cet égard il soit plus instruit que moi. Il a certainement le goût des attitudes, et s'est persuadé qu'il avait un rôle à jouer. Le malheur veut que les attitudes qu'il prend n'aient aucune netteté, et que le rôle qu'il joue ait été très-mal appris et ne soit pas su du tout. Il ânonne, balbutie, se contredit, se dérobe à lui-même, prend de grandes résolutions, ne les tient pas, tout en proclamant qu'il les tient toujours.

Un orgueil fou doit dominer et mener cet homme. Enfant, j'incline à penser qu'il s'imagina qu'il écrasait le genre humain du talon, et qu'il faisait sortir des profondeurs de son âme de Titan, un genre humain nouveau, resplendissant, terrible et fort, — à son image. L'admiration, la vénération que Ferré professe pour Ferré, semblent ne pas avoir de bornes. Ferré est Dieu, et Ferré est son prophète. Il a certainement vécu dans cette idolâtrie.

Rien n'est curieux comme de suivre sur sa physionomie grimaçante et perverse les signes qui révèlent la satisfaction intérieure que lui inspire quotidiennement, sans cesse, la contemplation de sa personne.

C'est au mieux, mais il n'a pu manquer de faire cette remarque désobligeante, que le respect dans lequel il se tenait avec une sérénité parfaite, n'était pas partagé par ses contemporains. Du jour où il remarqua cela, Ferré, avec sa nature irritable et nerveuse, dut se fâcher. Il se fâcha et tout de bon, jurant que, l'occasion venue, il imposerait par la force aux rebelles et aux sceptiques cette foi à laquelle ils avaient l'insolence de fermer leurs cœurs.

Il a attendu cette occasion, impatiemment, fiévreusement. Il l'a cherchée, provoquée. Capricieux, quoique tenace, il s'est trahi avant le bon moment. Maintes fois dans les réunions publiques il a jeté à la face des brutes ravies qui l'écoutaient, tout le fiel, toute l'amertume de son âme, et aussi, il leur a avoué les espérances gigantesques, infernales, qu'elle nourrissait.

Cependant, et en dépit de l'intensité de ses passions haineuses, envieuses, farouches, Ferré n'est pas une intelligence. Il sent vivement, violemment, mais il comprend peu.

Absorbé par cette préoccupation dominante, Ferré est grand, Ferré est complet ; il lui est impossible de s'élever à une conception qui ne soit pas celle-là. S'il a eu sur la populace quelque influence, c'est qu'il l'a flattée, en lui montrant avec une candeur parfaite, vivantes et naïves, les perversités, les envies, les fureurs qui, à elle comme à lui, leur étaient naturelles et communes.

Aujourd'hui, suivant le système qui lui a réussi à Blois, Ferré a déclaré à M. le président qu'il ne répondrait pas, et cependant tout de suite il a répondu, a pris des notes, fait des observations.

Il n'a pas entendu un seul témoin sans le questionner, le presser, cherchant à le pousser à l'hésitation, au trouble, à la contradiction.

Vous verrez, en lisant les débats, qu'il a généralement échoué. Une fois, à propos de la lettre : « Faites flamber finances ! » il a donné sa parole d'honneur, gravement, à haute voix. Quelques-uns ont souri.

Les explications qu'il a données à ce sujet

sont d'un ordre tout particulier. Ce sont des explications d'aristocrate, sinon de lettré. L'expression « faire flamber » est familière, vulgaire, Ferré ne saurait décemment s'en servir. L'acte est discutable, mais le mot est impossible. Il aurait dit « faites brûler » mais jamais « faites flamber ». Il nous a affirmé cela avec des mines, des sourires très-doux. C'était assez curieux.

Du reste, toujours gai, le citoyen Ferré. Tout le temps que durent les dépositions — toute l'audience — s'il vous plaît, il ricane d'un mauvais rire étrange et froid, paraît triomphant, gesticule beaucoup.

En parlant, en riant, il découvre une rangée de dents très-blanches qui brillent sous sa barbe très-noire, presque bleue. Il y a positivement en cet homme quelque chose de féroce, d'implacable. Son geste est saccadé, fréquent. Parfois il porte la tête très-haut, lève le nez, regarde son monde en face. Parfois il l'enfonce dans ses épaules, jette à droite, à gauche, un regard inquiet, fixe, que suit presque toujours ce ricanement sec, particulier, dont il abuse. Il est petit, nerveux, vivant, mais frêle, malingre ; souple, mais chétif: un jaguar étique.

Comme hier, Courbet a l'aspect d'un homme qui a enfin compris, et qui ayant compris, en a été foudroyé, anéanti. Il ne parle pas, jette de temps en temps sur la salle un regard découragé, puis se soutient la tête avec sa main et semble dormir.

Il m'est décidément impossible de me résigner a reconnaître, en cet homme, l'auteur de tant d'œuvres vivantes, l'artiste dont la verve débordante et contenue tout ensemble éclate si magnifiquement, si complétement dans les *Sources de la Loue*, sa plus parfaite création, peut-être. Ces *Sources de la Loue* sont, à mon avis, une des merveilles de la peinture française, et suffiraient à elles seules pour empêcher de périr le nom de l'accusé Courbet. Vous vous le rappelez, ce petit tableau d'une inspiration si pure, si franche ; vous vous rappelez ces roches noires, ces touffes de mousses, ces verdures, ces fraîcheurs, et cette eau vive qui jaillit, s'éparpille en perles, court en filets d'argent sur les cailloux, sur les gazons, sur la terre grise, pétrifiée, puis bouillonne un peu, se fait plus large, et s'en va victorieuse, plus loin, courir la campagne franc-comtoise, le pays d'Ornans, ce beau pays d'Ornans, qui est celui de ce grand artiste qu'une vanité obtuse, indomptable, a jeté sur ces bancs en compagnie des plus sinistres bandits que le monde ait jamais connus.

Les témoins détenus ont disparu. Toute l'estrade est occupée par les accusés et les gendarmes.

Comme je vous l'ai dit, le défilé des témoins qui viennent déposer contre Ferré n'a pas cessé. Les dépositions se ressemblent, les témoins aussi. Toutefois, M. Delarue,

L'EXPERT EN ÉCRITURE

ne saurait passer inaperçu, en cette foule.

Il a fait sa déposition sans passion, gravement, scientifiquement même.

Arrêté brusquement par Ferré, il ne s'est pas troublé, a repris sa petite démonstration au point où il l'avait laissée, d'une voix sérieuse, tranquille. Les objections, les colères n'y changeront rien ; la vérité est là, elle se révèle par des signes certains, elle s'impose ; M. l'expert le sait, il le dit ; mais il n'y est pour rien. C'est *sa* science qui parle par sa bouche. Il constate des faits, recueille des résultats, et s'abstient de juger.

C'est un doux vieillard, au visage reposé, serein. Il doit croire en Dieu, mais pas plus qu'en l'*expertise*. L'expertise, voilà la passion, — que dis-je ? — la vie de ce digne homme.

M. l'expert était magnifique : cravate blanche, boutons de diamants, gilet noir, habit noir. Venait-il donc de marier sa fille ? Bien mieux que cela, M. l'expert venait d'expertiser.

Dieu me garde de rire de cette foi ; je la juge, au contraire, touchante, respectable.

2

LE CONCIERGE FRANÇOIS

lui, est plus familier. De plus, il est enchanté. Il rit, sourit, fait des révérences. Sa voix vibre, sonne comme un clairon.

Il semble, d'ailleurs, ne rien comprendre à tout ce qui se passe autour de lui ; mais cela l'amuse tout de même.

— Voilà, se dit-il, c'est des histoires, moi je suis concierge ! Et avec un enthousiasme bon enfant, il raconte ses petites affaires au conseil qui ne l'écoute pas, quoiqu'il crie à tue-tête : Je fais les bottes de monsieur, ça me donne mes 80 fr., j'ai mon cordon, ma femme, etc.

Ce François a égayé l'auditoire, et notamment Assi et Ferré, qui décidément sont d'une bien belle humeur.

Versailles, 9 août 1871.

Il fait aussi chaud qu'hier, et il n'y a pas

plus de monde. Les banquettes, les gradins
sont peu garnis. Quelques-uns semblent montrer du zèle, entrent d'un pas délibéré, essayent
de s'installer, d'entendre, font cette remarque
qu'ils n'entendent pas mais qu'ils étouffent,
et, au bout d'un petit quart d'heure, s'en vont
pour ne plus revenir. C'est un va-et-vient
perpétuel. On prend l'air de l'audience, on le
trouve chaud et on va en chercher un autre,
plus clément, ailleurs. Cela n'est pas long. Les
femmes, cependant, y mettent plus d'obstination. Aux places réservées, beaucoup de dames
en toilettes légères, presque blanches, toutes
blanches, et un certain nombre de militaires
en grand uniforme, boutonnés, sanglés, avec
leurs épaulettes, leurs aiguillettes, leurs armes.
Celles-ci et ceux-là font bonne contenance, sont
très-attentifs.

Entendent-ils ? J'en doute. Nous autres,
placés beaucoup plus près du conseil, nous
n'entendons que de temps en temps, et, parmi
nous, les plus intelligents expliquent aux
autres ce qu'ils ont compris, et le leur font
comprendre — quand ils peuvent.

L'interrogatoire de

FERRÉ

n'est pas terminé. Les témoins continuent leur défilé, et Ferré, qui ne voulait pas répondre, continue à répondre, à se défendre et de la belle façon. Il ne perd pas un mot de ce qui se dit, toise le témoin, l'interroge, demande au président de l'interroger et chaque fois écrit au crayon, sur des feuillets blancs qu'il tient à la main, les choses dites, ou bien ses impressions, ses notes, ses espérances ou ses doutes à lui.

Il me semble plus inquiet et plus grave. Il rit moins, parle moins, se montre plus soucieux de la tournure que peuvent prendre les débats. Il est poli, docile aux observations du président, il s'incline fréquemment, se mord la moustache, la tire, la relève avec sa main droite d'un mouvement brusque, répété, où il y a de l'impatience contenue. Son geste plus rare est toujours saccadé, il souligne ses paroles, les accentue, les veut rendre nettes, formelles.

Pour la première fois je l'ai vu s'indigner. Il s'est croisé les bras, a regardé son homme en face, et avec une extrême volubilité, a parlé de son honneur, à lui Ferré, et de l'honneur de son parti. Cette fois tout le monde a entendu, mais personne n'a compris.

Courbet est toujours le même, — ce n'est pas un homme, mais de l'accablement, de l'anéantissement, de la stupeur que nous voyons-là jetés, courbés sur ce banc. Cela est morne, navrant. Son voisin, son compatriote Clément, n'est plus à côté de lui. Ils sont séparés par un gendarme. Depuis hier chaque accusé est escorté de deux gendarmes. Cela rend un peu plus rares les expansions, les joies de Ferré et d'Assi. Ce dernier est toujours content, mais il le montre moins gaillardement.

Au début de l'audience, j'ai vu quelque chose d'étrange, qui m'a surpris, intéressé :

UN SOURIRE DE LULLIER

que je n'oublierai pas.

Un témoin déposait. Il s'agissait des assassinats de la Roquette. Le témoin avait vu en tête du peloton d'exécution un homme blond, à moustaches, — des moustaches en brosse. Le président lui dit de le chercher parmi les accusés, et, s'il le trouve, de le désigner.

Le témoin regarde, et désigne Lullier.

La présence de Lullier, à la Roquette, le 24 mai était, on le sait, matériellement impossible.

Sur l'invitation du président, cependant, Lullier se lève. Il se lève, et, sans dire un seul mot, il promène lentement, sur le public et le conseil, un long regard étonné, heureux, qu'il fixe sur le témoin ; puis, toujours silencieux, se met à sourire. Il reste ainsi quelques minutes debout, immobile, et son sourire s'étend, s'épanouit, et si bien que ce visage, où se lisent d'ordinaire l'énergie, la ténacité brutale, féroce, la bravoure poussée jusqu'à la manie, se transfigure, n'est plus, à vrai dire, celui de Lullier. Ce qu'il y a dans ce sourire est quelque chose de bon, de tendre, d'exquis, de naïf, de béat. Les enfants, les tout petits enfants de la campagne seuls savent rire de cette façon. Oh !

à cette minute-là, j'en jurerais, le meilleur de cette âme égarée en est sorti, a brillé d'une lueur charmante et passagère, — reflet oublié d'une flamme mal éteinte, qui, dans le passé, a dû réchauffer, éclairer les premières aspirations d'un homme que la nature avait peut-être marqué pour de plus nobles destinées.

Le témoin n'a pas insisté, et Lullier s'est assis doucement, sans protestation, sans colère.

M. LE VICAIRE DE MARSY

qui a été arrêté une fois, deux fois même, enfermé à la Roquette avec Mgr l'archevêque de Paris; M. le vicaire de Marsy, qui a vu la Commune, la mort de près, est venu raconter la chose au conseil.

M. le vicaire a été un peu diffus, mais il a été charmant. Il a parlé de la prison, des cellules, des récréations, de lui et des autres. Il parle bien, le sait, et quand il tient l'occasion de faire un petit discours, M. le vicaire ne doit point perdre celle d'en faire un long. Orateur?

je ne sais. Causeur? je le crois. Bavard? je n'ose.

A l'instar des abeilles de Montaigne, M. le vicaire « butine de ci, de là. » L'unité n'est pas son affaire. D'ailleurs, il a beaucoup de choses à dire, et il ne perdra pas son temps à les ordonner; il les dit comme elles lui viennent, en touche une, la quitte, la reprend, la quitte encore. Il mêle les faits aux appréciations, et les appréciations aux faits. Brusquement il est pris d'une belle ardeur de constatation : il énumère, compte, entasse; puis, non moins brusquement, se lance dans des considérations, juge, distingue, décrit, mesure, s'attendrit, s'impatiente, et cependant parle une langue qui, en somme, quoique désordonnée, reste claire, limpide, très-imagée. M. le vicaire excelle principalement à ne pas fermer les parenthèses qu'il a ouvertes ; or, il adore les parenthèses et en ouvre à tout bout de champ. De là un peu de décousu. C'est dit, mais je vous assure que tout le monde a écouté M. de Marsy sans fatigue. D'ailleurs, lui aussi s'écoute et non sans plaisir. Cela lui donne une bonne humeur qui est agréable à voir. Du reste, M. de Marsy ne se fait pas sur lui-même des illusions excessives; il nous l'a dit : Voilà comme je suis, comme cela, pas autrement : brave, mais pas trop brave. Quand j'ai entendu la fusillade, je me suis dit : Ça peut venir par ici; baissons-nous toujours. Et je me suis baissé.

Trente-cinq ans, une jolie tête, châtain, pâlotte, très-vivante. Comme il disait avec énergie à la Commune les choses que tous les honnêtes gens en pensent, Ferré a voulu se lever, interrompre.

— Taisez-vous ! asseyez-vous ! lui a dit vivement M. le commandant Gaveau ; vous n'avez pas le droit d'interrompre.

— Je ne crains pas les interruptions, a riposté M. le vicaire.

Ferré s'est incliné et n'a plus bougé.

M. le vicaire a repris son discours, qu'il a mené à bonne fin tambour battant.

M. PERNY, MISSIONNAIRE

procède autrement. Sa parole est sobre, grave,

et très-lente. Il dit simplement, ne développe pas, s'abstient d'observations.

Son récit émeut l'auditoire.

Quand il rappelle les cris de mort que la hideuse crapule de la Commune poussa sur le passage de la voiture où il était enfermé avec Mgr l'archevêque de Paris, M. Perny ne peut retenir ce mot :

— Voilà vingt ans que je vis avec les sauvages, je n'ai jamais rien vu de pareil.

M. Perny est un grand bel homme de cinquante-cinq ans, d'une pâleur mate, mince, avec une moustache, une longue barbiche, des cheveux tout blancs.

Il est, certes, très-bon catholique, mais d'aspect, il rappelle le Marcel de Meyerbeer, qui est un rude gaillard.

Après M. Perny, passent et repassent une foule de braves gens qui font leur devoir, disent ce qu'ils savent, — ce qu'ils savent n'est pas beau, est triste même, et, de plus, très-monotone.

M. DE PUY-MOYEN

employé au service de la santé, aux Jeunes-Détenus, raconte cependant d'un ton simple et dramatique des choses qui feraient frissonner d'horreur les âmes les moins frissonnantes. M. de Puy-Moyen a vu fonctionner la cour martiale de ces coquins malpropres et stupides. Il est même intervenu, il a dit : « Ne tuez pas de pauvres êtres qui n'ont fait de mal, ni à vous, ni à personne. Ne tuez pas celui-ci, il est père de huit enfants. Ne tuez pas celui-là, c'est un enfant. » La cour martiale lui a répondu avec dignité : « Mon vieux, il faut filer; sinon, il va vous arriver des désagréments. » — Oui, cette magistrature a dit cela avec dignité, mais une dignité joyeuse.

Il faut dire que c'était une toute jeune magistrature. Les juges avaient de quinze à dix-sept ans, étaient frais sortis de leur ruisseau, et rendaient coup sur coup des arrêts où, tout entiers, se révélaient leur amour de l'ignoble, leur farouche bonheur de tuer, de martyriser, d'être atroces. Ce qu'ont fait ces immondes gamins appartient à l'histoire. Je n'ai qu'une peur, — c'est que l'histoire refuse d'y croire. Vous, mes contemporains, lisez d'un bout à l'autre cette déposition de M. de Puy-Moyen, lisez-la, relisez-la, — et ne l'oubliez pas.

Macbeth, sur sa fin, s'écrie : « Je me suis gorgé d'horreurs; les plus atroces n'ont plus rien qui me frappe. » Macbeth était un fier gueux; eh bien ! j'incline à penser que s'il avait vu les choses qu'a vues M. de Puy-Moyen, il n'aurait pas si facilement et si vite — quoique si tard — avoué la mortelle insensibilité de son âme.

Il y a notamment une histoire d'enfant massacré, de bandeau posé, enlevé, posé de nouveau, qui donne vraiment à penser à ceux qui s'obstinent à croire à la native excellence de l'âme humaine.

LE CITOYEN FRANÇOIS

qui n'est pas concierge comme son homonyme

d'hier, affecte avec une bonhomie apparente le même ahurissement que celui-ci.

Il ne comprend pas, ne sait pas ce que cela veut dire. Il a bien été directeur de la prison de la Roquette sous la Commune ; mais il a toujours considéré sa fonction comme une sinécure. Il n'était jamais là, ne savait pas ce qui se passait dans la maison. On y a bien tué du monde, mais — ce n'était pas son affaire. Lui, il n'a jamais tué personne, — ce n'était pas sa partie! Y avait-il des membres de la Commune dans les pelotons d'exécution? Il ne sait pas. Cela ne le regardait point. Il sortait, il allait, il venait. Il ne sait rien, ne peut rien dire.

Le citoyen François doit être dans le vrai; diriger n'est pas savoir.

Après lui, quelques petites escarmouches entre deux ou trois témoins et Ferré ; puis, la déclaration de Ferré, qui décidément ne répondra pas. Il ne fait que cela depuis hier avec acharnement, un acharnement logique, très-malin, mais il lui convient de dire qu'il ne le fait pas. Le président, le conseil y consentent. De même nous y consentons.

A un autre ! — cet autre, — c'est

ASSI

qui se défend, et ne s'en cache pas. Sa défense n'est même point la première venue ; — c'est habile, câlin, doucereux, satisfait, naïf, maladroit, très-prétentieux et tapageur. Plus expansif que son ami Ferré, mais non moins orgueilleux, il se livre plus. Oui, il se livre. On regarde la livraison, et cela, tout en ne valant pas cher, mérite d'être regardé. Nous y reviendrons.

Allons ! c'est bien l'orgueil, le gros orgueil qui a troublé ces pauvres cervelles. En voici deux qu'il a mises en un état piteux, si piteux, que nous ne répondons pas, — si nous étions juges, — que nous n'en éprouverions pas une manière de pitié.

A tout prendre, la vanité d'Assi est moins revêche, moins sombre, que celle de Ferré. Elle a dû moins souffrir, et c'est pour cela que je ne serais pas étonné qu'elle fût moins décidée au mal, à tout.

Je vous dis que nous y reviendrons.

Versailles, 10 août 1871.

L'audience commence aujourd'hui dramatiquement, — et à mon gré tristement.

Le petit orage qui a passé et failli éclater, s'annonçait depuis quelques jours. Sans être très-clairvoyant, je l'avais pu prévoir, et je m'étais bien gardé de vous dire mes appréhensions, redoutant d'apporter mon petit point noir à tous ces gros nuages noirs que je voyais ceux-ci et ceux-là amonceler à l'horizon, naïvement, consciencieusement. La naïveté et la conscience ne manquent pas, ni d'un côté, ni de l'autre. Je crois cependant ne point trop m'égarer, en croyant qu'il y a plus encore de naïveté et de conscience du côté de l'accusation que du côté de la défense. La chose s'explique :

M. LE COMMANDANT GAVEAU

qui me semble le plus loyal, le meilleur des hommes, apporte dans ces débats toute l'indignation, toute la fougue d'une nature simple et droite qui n'entend rien aux subtilités, aux nuances, aux concessions qui naissent forcément de la lutte d'intérêts, de passions tels que ceux qu'un procès criminel politique met en présence. M. le commandant Gaveau est convaincu, absolument convaincu qu'il a devant lui une bande de forbans qu'il faut châtier au plus vite, et tout ce qui vient gêner la rapidité du châtiment lui apparaît comme une entrave insolente à l'action de la justice même. Nous ne disons pas qu'il ait tort, mais nous croyons qu'il ferait mieux de découvrir moins facilement son sentiment à cet égard.

Nous ne disons pas non plus que ce soit aisé, mais simplement que cela serait mieux. Faut-il l'avouer? plusieurs fois les impatiences, les vivacités de M. le commissaire de la République nous ont semblé un peu promptes. Elles étaient provoquées par la défense, me dira-t-on. Nous n'y contredisons pas, mais nous pensons qu'il eût été plus sage de n'y pas répondre, et d'autant mieux, qu'en somme, la défense n'a fait jusqu'ici qu'exercer un peu tumultueusement, un peu maladroitement si l'on veut, mais sans inconvenance en somme, un droit indiscutable, et dont le respect absolu est une des garanties de la justice.

Nous allons plus loin, et en admettant que les avocats emportés par un sentiment trop vif de leur devoir, aient dépassé les limites de leur droit, nous pensons encore que M. le commissaire de la République eût plus utilement servi sa cause en laissant ces messieurs compromettre celle de leurs clients par des violences; ces exagérations respectées, se fussent tournées contre eux-mêmes, et réprimées prêtent à la discipline de l'audience, comme un air de persécution, qui les atténue, les fait accepter, les peut rendre intéressantes. Un avocat général un peu exercé ne s'y serait pas trompé.

De plus, il est évident que M. le commandant Gaveau se trompe tout à fait lorsqu'il croit découvrir dans l'attitude des avocats l'intention de le blesser, lui particulièrement. Il a dit à cet égard des mots trop vifs, et que les questions agaçantes, mais convenables, de Mᵉ Bigot, ne justifiaient vraiment pas.

Mᵉ BIGOT

de son côté, cependant, ferait bien de calmer ses ardeurs, même en ce qu'elles ont de plus légitime. Il n'a pas l'excuse de M. le commissaire du gouvernement, et son expérience des débats judiciaires devrait lui interdire d'user, devant un conseil de guerre, de tous les moyens dont il peut impunément se servir devant des magistrats ordinaires, qui ont becs et ongles pour lui répondre. Nous croyons à Mᵉ Bigot trop de sens pour ne pas le voir.

Mᵉ Lachaud l'a dit en des termes doux, excellents : Un peu d'esprit, un peu de souplesse, beaucoup de concessions, le respect de l'adversaire, la courtoisie de la forme, et tout ira le mieux du monde.

Il faut le souhaiter, car vraiment ces paroles irritantes, ces reproches, ces petites colères, ce tapage inutile choquent le sentiment de tous et ne servent personne.

On peut pourtant avoir raison sans se fâcher. M⁰ Bigot ne paraît pas s'en douter. Tout au début de l'audience, il a pris la parole et s'est mis à dire les choses les plus désagréables aux journalistes. C'était d'autant plus inutile que, — nous n'éprouvons aucune difficulté à l'avouer, — la réclamation de M⁰ Bigot nous semblait fondée. Il suffisait donc de la formuler nettement, et il n'était nul besoin pour cela de sa petite harangue emportée, rageuse, déplacée.

Nous comprenons les devoirs, les scrupules de l'avocat, même lorsqu'il défend les criminels de la Commune, — sa mission demeure grande ; et, en tous cas, sa conscience seule est juge de la question de savoir si cette mission est grande ou ne l'est pas. Seulement, les avocats devraient à leur tour comprendre les émotions de l'opinion publique. Or, en ce moment, — la foi de Mᵉ Bigot et de ses confrères n'y changera rien, — l'opinion publique ne peut voir dans la bande qui a tenu plus de deux mois Paris sous son joug avilissant, que l'expression dernière et complète de la férocité, de la sottise, de la perversité humaines.

M. ERNEST PICARD

cité à la requête d'Assi, a fait une très longue déposition, dont nous n'avons pas bien clairement démêlé l'utilité.

Pressé de questions par Mᵉ Bigot, il lui a répondu, une bonne heure durant, tranquillement, doucement.

M. Ernest Picard était ému. Il a oublié de dire : Je le jure. Il semblait penser : « Pourquoi me déranger ? il fait très-chaud ici, trop chaud. Je ne puis servir cet Assi qui m'envoie chercher, et je n'ai pas envie de lui nuire. Puisqu'on me parle, je réponds, mais le diable m'emporte si je sais pourquoi. »

Et il a répondu, comme on le voulait, avec

docilité, d'un air mou, ennuyé et distrait, — mais sans impatience.

Comme à ce propos M⁰ André Rousselle a voulu donner quelques explications au tribunal, le public, à plusieurs reprises, a couvert sa voix J'en suis fâché pour le public, j'en suis même humilié. Rien ne marque l'infériorité d'un peuple comme ces manifestations puériles où apparaît le dédain des choses les plus respectables.

M⁰ André Rousselle peut se tromper, mais c'est une pauvre façon de montrer à un homme qu'il se trompe que de lui rire au nez!

En tout cas, devant la justice, ces façons sont absurdes et scandaleuses. De plus, en affligeant tous les esprits sérieux, elles ont pour résultat inévitable de provoquer un sentiment contraire à celui qu'elles traduisent. L'insulte inutile, bête, rend immédiatement intéressant l'accusé qui l'était le moins.

Aussi comprenons-nous parfaitement la légitime émotion de M⁰ de Sal, s'écriant :

— Vous avez raison, M⁰ Rousselle, vous faites votre devoir !

Eh ! oui, M⁰ Rousselle faisait son devoir, et pour cela devait être respecté. Il est vraiment triste qu'on soit obligé de rappeler des vérités aussi simples à un auditoire composé de gens auxquels leur âge et leur éducation devraient interdire des inconvenances que l'on pardonnerait à peine à un jeune homme de dix ans.

M. le président a menacé les manifestants de les faire mettre dehors. Je regrette qu'il les en ait seulement menacés.

C'est parce que j'aime beaucoup mes compatriotes que je serai toujours heureux de leur voir infliger une forte leçon de tenue et de dignité. C'est triste à penser, mais ils en ou souvent besoin.

Versailles 11 août.

. . . .

C'est encore Urbain qui répond; il est très-attentif, et conserve ce pauvre air un peu inquiet, un peu étonné qui, je le crois, ne le servira guère.

Mᵉ André Rousselle, son avocat, pose des questions ; il s'attache à le faire avec une grande modération, ce dont je le loue. On peut, il est vrai, être très-modéré sans être très-adroit. Il faut être juste : ce n'est pas commode de défendre ces gaillards-là.

Les témoins sont dociles, font de leur mieux.

L'un d'eux,

HUBERTY

est un gros gamin pâlot et sournois, avec je ne sais quoi de futé et de lourd. Il est détenu a servi dans les rangs de la Commune, connaît Urbain, Mᵐᵉ Leroy, vivait dans le ménage. C'était un ménage heureux. On recevait, on donnait de petits dîners. Pas tous les jours, *comme de juste*, mais le plus souvent qu'on pouvait. Lui, Huberty, mangeait à la cuisine, avec la cuisinière, déjeunait, dînait et, entre temps, faisait son service. Il parle de ce passé avec une mélancolie complaisante qui est cocasse. Il le regrette ce passé, encore tout près de lui, comme une chose imprévue, magnifique, dont il a joui pleinement — croyant que c'était pour toujours.

Du reste Huberty, tout jeune qu'il est, connaît la vie, les femmes, l'amour. Rien n'est amusant et triste à la fois comme la façon dont ce gamin dit à M. le président :

« Madame Leroy ?... Oui... elle avait de l'influence sur Urbain... si vous voulez..., vous savez, mon colonel, cette influence qu'on a sur un amant ! »

Mme LEROY

nous le croyons, doit en effet exercer non-seulement sur Urbain, mais sur d'autres, l'influence qu'elle veut.

Elle a déposé après Huberty.

C'est une toute jeune femme, frêle et blonde

jolie, avec de grands yeux gris bleus, excessivement clairs, de petits traits fins. Le nez est droit, d'une ligne gracieuse, le front haut ; les lèvres un peu pâles sont fermes, serrées, très-mobiles. Elle se tient bien. Elle dit que de temps en temps elle est couturière. Je l'aurais plutôt prise pour une institutrice ambitieuse, instruite, que la rage d'être quelqu'un tourmente, talonne. Mme Leroy est tout en noir. Au moment de prêter serment, elle se fâche un peu, s'emporte contre son gant qui ne veut pas céder. C'est un long gant de Suède chamois, clair, qui a beaucoup de boutons. Il cède, cependant, et Mme Leroy lève une jolie main blanche, mate, aristocratique ; puis elle parle.

Le conseil, les défenseurs, le commissaire de la République, le public, tous l'écoutent avec intérêt, curiosité, surprise. Elle parle sans trouble, sans émotion, avec une netteté, un fermeté qui se rencontrent rarement dans les discours les mieux préparés des personnes de son sexe. Pas de digressions, pas d'allusions, pas de parenthèses. Mme Leroy dit ce qu'elle veut dire, mais pas plus. Son langage est sûr,

concis, très-correct, sobre. Elle abuse un peu
du passé défini et de l'imparfait du subjonctif.
Pas de mines, pas de coquetteries. Elle est
devant des soldats, et fait marcher sa parole
militairement. Elle n'entend pas être prise pour
la première femme venue. Elle a fait ce qu'elle
a voulu, le referait, ne s'en cache pas.

Le conseil peut avoir ses idées. Elle, Mme Leroy, a les siennes. Affaires de principes. Par-ci
par-là, elle touche à ses préférences, morales,
philosophiques, mais sans prétention, sans phrases, d'un mot sec et juste. L'accusation lui fait
dire des sottises, — ce qui l'ennuie; — en souriant légèrement avec une expression de mépris
discrète et hautaine, elle dit : « Cela est si ridicule dans la bouche d'une femme! » Et encore :
« Je comprends le rôle de la femme autrement.
Il ne peut être actif, et doit demeurer purement
moral. » Puis elle revient aux faits mêmes,
affirme, nie, contredit, absout, condamne avec
une volubilité où l'on découvre les traces d'une
passion violente, haineuse, amère, qui se contient, se mesure, entend se conduire, se sur-
veiller pour ne rien perdre de sa force.

Cette force est réelle, très-dangereuse, et je le gagerais, peut beaucoup.

Huberty nous avait dit que Mme Leroy était la fiancée d'Urbain.

Mme Leroy n'a pas insisté sur ce point, je lui en sais gré, et j'aurais été surpris, déconcerté, si j'avais rencontré chez cette jolie créature, logique et obstinée, fanatique et clairvoyante, un respect hypocrite pour des devoirs qu'elle ne saurait respecter, puisqu'elle ne les pratique pas.

Mme Leroy est sortie de l'audience comme elle y était entrée, — avec l'aisance, l'aplomb, que l'on remarque chez les personnes qui ont l'habitude de voir les autres suivre leurs désirs, obéir à leurs ordres et ne pas discuter leurs volontés.

Je me trompe peut-être, mais je crois que c'est une fière aristocrate, que cette petite femme de démagogue.

LE TÉMOIN GRANDCOLAS

lui, n'est pas un aristocrate, mais un grand gaillard qui a des bras énormes, des jambes de cerf, qui est maigre et gambade comme un poulain échappé. Il est effaré, ahuri, mais sans inquiétude. Il gesticule, bredouille, saute sur l'estrade, semble penser : « Voilà ! mais qu'est-ce que ça veut dire ? » On le questionne. Il regarde à gauche, à droite, ouvre des yeux démesurés, et déclare, dans un langage rapide et embarrassé, qu'il est plus surpris que jamais. Surpris ! mais joyeux. Il rit d'un grand rire bon enfant qui découvre ses dents, qui, comme ses bras, ses jambes, n'en finissent plus.

On renonce à l'interroger.

Il s'en va toujours surpris, toujours joyeux, en faisant force révérences au conseil, à l'assistance, qui ne comprennent pas.

Quel était cet homme ?

A la reprise de l'audience,

BILLIORAY

se lève, et d'une jolie petite voix de ténor, traînante et douce, il lit des conclusions pleines de choses agréables pour Billioray, mais qui nous paraissent, en dehors de cela, ne rien signifier du tout. Il répondra sur ceci, non sur cela ; il dédaigne, il ne peut, il ne doit, cependant il distingue, le conseil comprendra : c'est un petit gâchis où je ne vois goutte.

Comme Assi, néanmoins, Billioray se défendra, et comme lui il ne doute pas du triomphe. Nul souci, nulle inquiétude, la vérité va sûrement jaillir, et pour Billioray la vérité c'est le salut. Il attend cette lueur bienfaisante avec résignation, mélancoliquement.

Il est poli, se fait modeste, très-humble. Il parle doucement. C'est à peine si on l'entend. Il choisit ses expressions, évite celles qui pourraient choquer le conseil, recherche les autres, celles qui seront écoutées, acceptées avec plus d'indulgence et où l'on découvrira peut-être comme un regret, un repentir. Il trouve presque des accents indignés pour flétrir les actes contraires à l'humanité que la Commune a pu commettre. C'est un enfantillage de l'accuser de pareils crimes, lui, Billioray, âme tendre, toute faite de mansuétude, ouverte à la pitié, à tous les sentiments délicats et bons. Il se révolte à cette pensée, mais c'est une révolte discrète, de bonne compagnie, où l'on n'entend ni cris, ni colère; c'est une révolte qui, par respect pour le conseil, demeure gracieuse, s'incline, se prosterne. Evidemment Billioray veut attendrir, toucher. Il ne s'y prend pas trop mal ; sa voix grêle et claire devient par instants larmoyante. Il ne peut pas être condamné, mais c'est égal, il serait bien heureux d'être acquitté.

C'est un grand garçon, jeune, mince, avec une belle chevelure, une fine moustache blonde. Il n'a pas l'air très-intelligent, mais de toute sa personne se dégage cette mélancolie de pacotille dont je vous ai parlé l'autre jour. C'est mou, c'est lent, c'est triste; on ne sait pas pourquoi. L'œil bleu, un peu enfoncé, n'est pas franc; comme la voix, — il pleurniche, n'est pas content. On a vu cette tête-là, dans le temps, sur des gravures de romances, des boîtes de bonbons, des murs d'auberge. Les piqueuses de bottines sentimentales en ont peut-être rêvé. Je n'en répondrais pas.

JOURDE

lui non plus n'entend pas être condamné, mais il sait bien qu'il peut l'être.

A l'appel de son nom, il se lève brusquement. Il semble plein de résolution ; on sent l'homme qui s'est dit : Il y a quelque chose à faire, je le ferai. Il n'a pas l'aspect endormi et pleurard de son voisin. Pas beau, mais pas non plus vulgaire. Le front est très-haut, découvert, large. Cheveux crépus, touffus, épais, jetés n'importe comment ; — roux comme la barbe, qui est frisée, mais mal plantée. Le cou est trop long, les épaules trop tombantes. On regarde cependant cet homme osseux, vivant, sans déplaisir. Il y a dans son allure quelque chose de décidé, de presque franc qui attire. Il parle vite, très-vite, mais avec une foi apparente qui fait qu'on l'écoute, qu'on le suit.

De plus, il parle clairement et s'efforce de raisonner juste. Il entre dans de très-longues explications, jure qu'il a fait pour le mieux, se disculpe, se défend avec une abondance tumultueuse et naïve qu'on n'a pas encore trouvée chez ses complices. Il est très-attentif aux objections, y répond avec calme, respectueusement, et quelquefois habilement. L'orgueil, le goût de la domination ont encore perdu ce malheureux, mais il est certain que ses facultés valent beaucoup mieux que sa conscience. Je ne sais pas d'ailleurs ce que vaut au juste cette conscience, dont Jourde parle beaucoup, souvent. Il est évident que ce garçon n'est pas un sot, ce qui ne veut pas dire qu'il soit un aigle. Nous reconnaissons de bonne grâce que ses façons de montrer sa vanité sont moins irritantes, moins bêtes, pour dire le mot, que celles de ses voisins. Il sait s'humilier sans trop de grimaces, assez naturellement. Il a évoqué son enfance, son honnête enfance, ses illusions. Il croyait à une grande révolution ; il s'est jeté là-dedans comme un niais, — il l'accorde, — mais il était si jeune dans le crime, qu'il n'a su y faire que du bien. En ce désordre c'est la passion de l'ordre qui l'a seule soutenu. Il a voulu organiser, préserver, sauver.

Il donne des raisons acceptables, et aussi de plus pauvres raisons, telles que celle-ci : Ce sont les bombes de l'artillerie française et non le pétrole de la Commune qui ont allumé l'incendie du ministère des finances. Cela a fait sourire. Jourde n'a pas été décontenancé. Naïf, ardent, candide, il a continué, s'est justifié, ou du moins a tenté de le faire, sans insolence et sans trop de maladresse.

Jourde est intelligent. C'est entendu. Mais Tartufe aussi était intelligent, très-intelligent.

Je ne demanderais pas mieux que de croire, mais j'aime mieux l'avouer : j'ai de la méfiance, — une forte méfiance.

Versailles, 12 août.

Nous avons dit du mal du soleil — c'était notre droit ; il se venge, c'est peut-être le sien. Il n'y met d'ailleurs aucune malice, ne se cache pas en traître, fait ce qu'il veut avec l'aisance d'un gentilhomme, d'un roi. Il entre dans la salle, clair, victorieux, terrible : « Tant pis, c'est moi ! » Pas un nuage, pas une brise, pas un zéphyr, pas une ombre, pour adoucir ses implacables rigueurs. Le ciel est pur, l'air sec, pesant ; c'est du feu que l'on respire, et, du sol brûlant, des murs, de la poussière, des pierres, des chemins jaillissent de blanches et dures clartés qui aveuglent, vous enveloppent, font de vous un pauvre être alourdi, irrité. On se plaint, on pousse de gros soupirs, on insulte la nature ; on dit : « Gueux de soleil ! » Cela soulage sans rafraîchir.

Les gradins de la salle se garnissent cependant peu à peu. L'interrogatoire de Jourde, hier, a intéressé ; on veut connaître la suite, entendre les témoins qui le contrediront, et les autres s'il y en a. Malgré les méchantes façons du soleil, le public me semble plus empressé, plus patient qu'aux premières audiences. Hier, il y avait du monde. Aujourd'hui il se peut qu'il y en ait davantage.

Ce n'est pas de Jourde qu'il s'agit d'abord, mais de Billioray, qui a fait mander à la barre M. le général Chanzy.

LE GÉNÉRAL CHANZY

est venu, a dit au conseil ce qu'il savait.

C'est un homme svelte, avec quelque chose de très-crâne, de campé et de réfléchi. Blond, chauve, la moustache fournie et cirée comme celle de Napoléon III, la barbiche longue, fine, tombant très-bas. Elégant mais grave, simple mais fier. Réalise le type de l'officier français sérieux, celui qui lit, travaille, court les bibliothèques, recherche les revues, a de l'ambition, des projets, dédaigne les militaires qui ne sont que des militaires, et songe aux « réformes nécessaires ».

Le regard est particulier, — vague, pénétrant, distrait, un peu sec, — et profond.

Le général n'est pas orateur. Il hésite, attend le mot, le trouve ou ne le trouve pas, cela ne le gêne guère. Il n'est pas ici pour bien dire — mais pour dire. De plus, le général, ayant l'habitude de commander, tient la tête haute, a le geste rare et très-sobre. Remercié par le défenseur de Billioray de sa bienveillance, il s'étonne un peu, et dit sèchement, dédaigneusement presque : « Il n'y a pas de bienveillance ici ; je dis les choses qui sont! »

Roide, gracieux, un peu hautain, modeste cependant, tel apparaît, à première vue, cet homme d'action qui est peut-être un homme de pensée.

JOURDE

se défend comme hier. Il aime ce beau mot « la sincérité », et en abuse. Le mot c'est bien, mais la chose ?

Il paraît surtout préoccupé de ceci : convaincre le conseil qu'il n'a jamais été un homme politique. Si le personnage qu'il se compose est — des pieds à la tête — un faux personnage, il faut avouer que ce Jourde est un coquin de forte taille, et infiniment plus complet que ses piteux acolytes. Tout répugnants qu'ils me semblent, lui et sa bande, j'hésite à croire à une hypocrisie si souple, si féconde, si parfaite. Il se peut qu'il y ait une petite portion de vérité ou d'illusion, dans les affirmations de cet homme. Sur beaucoup de points, il doit mentir ; mais, sur d'autres, il n'est pas impossible qu'il se trompe lui-même. Il est clair, par exemple, — toutes ses protestations n'y changeront rien, — qu'il a été membre de cette ignoble, de cette stupide Commune, et que, comme tel, il a sa part de responsabilité dans les crimes sans nom qui ont été les siens. Mais je ne me refuse pas absolument à admettre qu'une fois au milieu de ces bandits, Jourde se soit dit qu'il valait mieux être parmi les moins mauvais, que parmi les pires. Pourquoi faut-il ajouter, hélas ! que les choses qu'ont faites « ces moins mauvais » s'élèvent à de tels degrés dans la hiérarchie des crimes que la conscience n'aperçoit pas de châtiments à la hauteur des forfaits ?

Allons, reconnaissons-le ! la tenue de Jourde est bonne. Il est respectueux, attentif, comprend très-bien l'attitude que lui imposent sa situation d'accusé et les terribles accusations qui pèsent sur lui. Net, un peu triste, mais ferme, il se défend énergiquement, mais sans arrogance, sans forfanterie, avec une émotion qu'il soutient, s'efforçant de la rendre, s'il peut, sympathique, décente. Il paraît dire au conseil : « Je suis un coupable, soit ; mais écoutez-moi, je dis la vérité. Ecoutez-moi, je vous éclairerai, et vous saurez dans quelle mesure je suis coupable. » Il se fait écouter.

LE MARQUIS DE PLŒUC

a déposé longuement. Il n'a pas ménagé Jourde, mais ne l'a pas chargé non plus.

M. de Plœuc a fait le récit des événements dont il a été le témoin et l'acteur, avec la tranquillité triste, dédaigneuse, de l'homme qui, jugeant les choses de haut, sait ce que valent les misères de la vie et ne s'en étonne plus. Il a traversé ce sombre et grotesque drame avec une philosophie résignée, un sang-froid, une résolution qui se rencontrent seulement dans les âmes de haute race.

D'aspect, M. le marquis de Plœuc rappelle le savant et le gentilhomme. Ses façons sont discrètes, mais ne sont pas humbles. Il parle à voix basse, est vêtu de noir ; de temps en temps ses lèvres effleurent un sourire un peu ironique, où il y a, tout ensemble, du mépris et de l'indulgence, le mépris de l'homme bien né et l'indulgence du sceptique.

J'ai surtout remarqué ce sourire, lorsque M. de Plœuc, pressé de questions par le zèle du défenseur de Jourde, Mᵉ Deschar, montrait qu'il n'entendait pas en dire plus qu'il n'en avait dit.

Mᵉ DESCHAR

lui, est un jeune homme qui me semble avoir

pris sa mission au sérieux, et qui, je crois, s'en acquittera bien.

Il a de la dignité, du tact, et une ardeur qu'il tempère, mesure, faite gracieuse, presque touchante.

Il a lutté de courtoisie avec M. le commissaire de la République. Les débats n'en ont que mieux marché, et personne ne s'en est plaint, ni le conseil, ni le public.

Je ne sais pas si M. Deschar est éloquent, mais comme il me semble avoir de l'émotion, de l'esprit et de la dignité, je serai surpris s'il ne l'est pas.

LE CAPITAINE OSSUDE

cité par M° le commissaire de la République, a interrogé Jourde. Il en a crayonné un portrait très-vivant, très-venu, très-jeté, en quelques traits rapides, heureux.

M. le capitaine peut se tromper. Il n'affirme rien. Il a jugé, comme il a pu, le personnage. Il ne le connaît pas. Est-ce un fanfaron, un naïf, un fanatique? Il ne sait. Il constate son attitude : voilà tout.

M. le capitaine Ossude parle comme un homme qui sait ce que c'est que de bien parler. Il ne se répète pas, jette de ci de là une observation concise, qui éclaire, accentue, ou résume son récit. Sa phrase est courte, française, légère, — et claire, — comme l'épée.

Un beau militaire qui aurait fait un bon avocat.

Ce Jourde est décidément le premier de ces drôles qui provoque l'attention, l'examen. Son cas n'est pas très-simple. Il s'établit déjà deux courants : les uns croient avoir affaire à une perversité magnifique, ils affirment pouvoir en compter une à une toutes les forces, en préciser la source. Les autres sont moins absolus et parlent d'affolement, d'hallucinations possibles, ils font leur réserve quant à la conscience, acceptent la nécessité d'un châtiment, mais prétendent que ce châtiment ne doit pas être implacable. Pour nous — prudents et embarrassés — nous « regardons faire tout le monde » et nous attendons.

4.

Les derniers témoins à décharge sont entendus ; il est quatre heures. La séance est levée. Des petits cris, des soupirs, des vivats discrets éclatent du sein bouillant — c'est le cas de le dire — de l'Assemblée, lorsque M. le président annonce cette nouvelle qui est bonne, mais imprévue.

Pas d'audience demain, et lundi : Courbet. Tout est parfait.

Versailles, 14 août.

Sur les onze heures, le ciel, revenu à des sentiments meilleurs, fait ce qu'il peut pour nous. De Saint-Germain, du Pecq, de ces côtés-là, de petits nuages gris nous arrivent ; ces nuages ont évidemment de bonnes intentions, ils se cherchent, veulent se rencontrer, préparent quelque chose. Une lourdeur humide et chaude s'épand dans l'air. Inquiets, nous regardons ; puis nous espérons un peu. Les nuages s'avancent, non plus à la débandade, mais réunis, compactés. Au loin, par-delà Sèvres, Meudon, des grondements sourds, étouffés, sont entendus. On dirait des choses énormes et molles qui s'écroulent, tombent dans des profondeurs, des brouillards où les chocs, les heurts s'amortissent. Ces bruits se répètent, se prolongent, mais ils sont loin, très-loin.

Découragés, nous pensons : « Ce n'est pas pour nous; » et l'envie, la méchante envie gagne nos cœurs; nous disons: « Ceux de Châtillon, de Meudon, sont heureux, mais nous! Où va cet orage? et quelles douces œuvres fait-il là-bas; tandis qu'ici, la poitrine haletante et la gorge sèche, nous l'appelons, et le supplions de nous accorder en manière d'aumône, quelque obole d'ombre, de fraîcheur?... A midi moins le quart, il se passe sur la place d'Armes, entre une mitrailleuse et un canon, sur un pavé luisant et sec, quelque chose de nouveau qui nous trouble, nous émeut, nous fait joyeux. Quoi donc? Voilà. Une goutte, — une vraie goutte d'eau est tombée là. Nous la considérons : c'est une large goutte, qui fait une tache noire, s'étale et fume.

Elle est toute seule, oh! absolument seule; mais, vous savez, l'orage est ainsi fait qu'il n'y a que la première goutte qui lui coûte, et à cause de cela nous attendons les autres, avec de petites exclamations folâtres, où se révèlent bien la faiblesse, la lâcheté humaines. A leur tour, en effet, les autres gouttes tombent, celle-ci sur un caisson, celle-là dans la poussière; elles se ressemblent, sont, comme les premières, très-larges, chaudes; — d'abord on les compte, peu à peu elles se font moins rares et plus petites, s'éparpillent, se pressent, se serrent, et à midi sonnant, c'est de la vraie pluie qui frappe le sol, fait sauter le sable, grossit les ruisseaux. Nous l'entendons — cette pluie bienfaisante, et, parmi nous, ceux qui sont croyants, la bénissent, et, à ce propos, hasardent même des considérations sympathiques à la Providence.

A l'audience, il n'y a plus de soleil. Mais de même qu'avant-hier, on y étouffe, et de la belle façon. Les fenêtres sont presque toutes fermées, et de pesantes vapeurs pénètrent dans la salle, s'y installent. Néanmoins Courbet doit être interrogé. On fait bonne contenance, on demeure.

COURBET

Il entre, avec ses complices, à son rang, à sa place. Sur la demande de son défenseur, M. le président l'autorise à descendre au premier banc. Il entendra mieux, on l'entendra mieux. Il descend les gradins. Courbet est tout en noir. Il fait un effort évident pour paraître calme, ferme, digne.
Il y a échoué.
L'homme que nous avons là devant nous, au premier banc des accusés, flanqué d'un gendarme, est bien celui que les premières audiences nous ont révélé. Cet homme qui n'en peut plus, n'aspire qu'à se sauver, et n'en a même plus l'énergie. Il a souffert, horriblement souffert, et en son âme doit maudire la Commune, les communeux, la populace, l'orgueil, la vanité humaine, et toutes les criminelles illusions qui ont fait de sa vie, — naguère se-

reine, facile, triomphante, — un enfer, où une à une, toutes les forces de sa puissante nature sont combattues, dispersées, réduites à rien.

Le spectacle qu'il nous donne est vraiment un pauvre spectacle, écœurant. Il s'abaisse, s'aplatit avec une souplesse honteuse. Toutes les excuses, il les fera ; toutes les humiliations, il les acceptera ! Comme presque tous les artistes, ce gros homme en certains points est resté un enfant, un petit enfant. Il est surpris de souffrir, n'y comprend rien, et se lamente, se désespère, appelle au secours, semble croire que cela est injuste. Naïf et stupide, il s'est imaginé bonnement qu'il avait le droit de jouer au crime, au vol, à l'assassinat, à l'incendie pour s'amuser, comme les enfants jouent au soldat, à la marchande. Il ne veut pas être puni, est pris de terreur devant le châtiment, et pour un peu dirait au juge : « Mais c'était pour rire ! »

Il parle doucement, humblement, corrige de son mieux son accent franc-comtois, — qu'il exagérait de son mieux, avant, — au temps où sa sottise ne recherchait pas de satisfaction plus coupable que celle de dire aux étudiants de la pension Laveur : « *Pétits*, ne vous effrayez pas... Voilà un grand homme qui va manger sa soupe! » Sa voix lourde, traînante, mais forte, est aujourd'hui grêle, toute petite. J'ai déjà remarqué maintes fois que les gens qui n'ont pas d'éducation se mettent d'ordinaire à parler très-bas lorsqu'ils s'adressent à ceux qui en ont, espérant par là leur plaire, leur persuader qu'ils sont des leurs, ont coutume d'être discrets, de *fréquenter les salons*, où, comme chacun sait, les éclats de voix, les cris, les jurons sont interdits. Cette préoccupation qui part d'un bon cœur se rencontre particulièrement chez les marchands de bestiaux, les chasseurs aux chiens courants, les personnes de la campagne, les commissaires-priseurs et les officiers de fortune.

Courbet, dans sa défense, ne met d'ailleurs aucune malice. Il se retranche derrière des scrupules artistiques, essaye de faire accepter au conseil que la *colône* était un vilain monument, triste, manqué. Ce grand peintre fait cela comme ne ferait pas le plus piètre bourgeois. Ses explications sont d'un piteux, d'un vulgaire qui dépassent celles qu'auraient pu donner — en collaboration — Joseph Prud'homme et Calino. Je le répète, le malheureux n'en peut plus. Du regard, du geste, il semble consulter son avocat, lui dire : « Est-ce bien cela ? Je ne me trompe pas ? »

Il répond comme il peut aux questions du président, n'en pose pas aux témoins, demeure timide, affaissé, plein de tristesse, d'anxiété.

Dans ce moment, il est assis, ne dit rien, et paraît ne rien comprendre à ce qui se passe autour de lui. Quand le témoin se retire, Courbet se lève un peu et s'incline avec un sourire hébété, salue gauchement. Le visage est abruti, fatigué, alourdi, très-pâle. Ainsi, il me rappelle ces bourgeois francs-comtois qui, dans son tableau « *Un enterrement à Ornans,* » prennent des airs contrits et gênés dans leurs redingotes vieilles et cependant fraîches, toutes roides, semblent pressés de les quitter pour leurs blouses de chasse, marmottent une prière, regardent la fosse, le ciel, la campagne, dans l'attitude de gens qui s'ennuient, ne demandent qu'à s'en aller et respectent néanmoins la chose qui les ennuie, les tient là.

Il est clair que Courbet ne pense plus, ne conçoit plus, est tout entier à la stupeur. Il ne vit plus en lui, mais son espérance dernière, — le peu qui lui reste, — vit en un autre, cet autre, — c'est son défenseur, M° Lachaud. Courbet a dû lui dire : Commandez, ordonnez, faites, dites ; je suis votre chose ; je vous suis, vous obéis, vous aime, vous respecte comme votre chien. Il lui aurait dit cela en pleurant, que je n'en serais pas surpris.

M° LACHAUD

comme toujours, intervient aux débats avec une attention, une habileté, un tact qui doivent lui faire quelques des jaloux parmi ses confrères.

Douce, familière, courtoise, souple, la manière de M° Lachaud s'impose aux plus rebelles. Il ne revendique pas, il demande. Il n'exige pas, il prie. Jamais de colère, d'indi-

gnation, de grands airs inutiles. Digne, mais
conciliant ; scrupuleux, mais aimable, Mᵉ Lachaud ne choque pas, n'interrompt pas, pose
peu de conclusions, ne fatigue pas ses juges, se
fait écouter d'eux, et s'il ne peut rendre son
client sympathique, il sait du moins faire sa
cause honorable. Le type de l'avocat : il plaide
toujours, en s'asseyant, en se levant, en souriant, en se taisant. Oui, il plaide toujours,
mais pour son client, jamais pour lui.

MM. Etienne Arago, Jules Simon, ont été
entendus comme témoins.

M. DORIAN

aussi. Comme ces deux messieurs, M. Dorian,
mais plus vite, s'est borné à dire à peu près
ceci :

Courbet est un grand peintre, mais c'est une
brute.

M. Dorian est un homme de cinquante-cinq
ans, mince, nerveux, vivant. Dans sa personne,

quelque chose de rustique, de distrait, d'un peu sec, qui est agréable.

Sur la fin de l'audience, Ferré a jeté en manière de question quelques notes glapissantes. On a levé la tête, et on a revu cet horrible petit personnage, avec son geste répété et froid, son regard de loup-cervier, son infernal sourire. Perché sur le dernier gradin, Ferré montrait mieux sa laideur chétive. Cet homme est décidément repoussant. Il y a en lui je ne sais quoi de grêle, d'automatique, et en même temps de formidable, de farouche, qui rappelle tout à la fois la marionnette et la bête fauve. C'est atroce.

Aujourd'hui, 15 août, pas de séance. A mercredi donc.

———

Versailles, 16 août 1871.

Moins de soleil, et moins de monde. La séance s'annonce mal. Dans l'air, quelque chose de mou, d'effacé, qui n'est pas de bon augure.

Les cyniques, en s'en allant disent : « Ce ne sera pas drôle ; si nous filions ? » Les autres font de même, s'en vont, mais s'excusent, parlent de leurs affaires ; ils voudraient bien rester, mais... Puis ils l'avouent : « Ce ne sera peut-être pas bien intéressant aujourd'hui ! »

Au commencement de l'audience, une femme monte sur l'estrade. C'est une pauvre femme. Elle tient par la main un bébé de quatre ans, qui lève la tête, regarde, n'est pas rassuré, meurt d'envie de dire : « Maman, qu'est-ce donc qu'on va nous faire ? » Elle dépose. On n'entend rien du tout. Cela est vite fait. Elle s'en va comme elle est venue, doucement.

Le président appelle le nom de Trinquet.

TRINQUET

se lève. Il n'est pas beau et n'a pas l'air bon ; une face ramassée, aplatie, la mâchoire est lourde, large, très-forte. Les os énormes, les muscles fatigués, gonflés, épaissis. L'œil très-enfoncé est gris, petit, méchant. Cheveux, barbe, châtain clair, blonds, si vous voulez. L'aspect général : un menuisier rageur.

Jeune encore, Trinquet a dû se dire souvent : « A quarante ans je serai ministre. » Comme ses amis, Trinquet, en plus de sa perversité, me semble avoir en partage une forte dose d'imbécillité. Il se défend mal. Soyons juste, c'est peut-être qu'il ne peut se défendre mieux.

Son système veut être très-habile et demeure très-maladroit. Il commence par dire : « Oui, je suis un insurgé. Je ne m'en cache pas. J'ai pris les armes, j'ai voté avec la Commune. J'approuve la plupart de ses mesures, je suis un révolté; comme tel jugez-moi. » Puis, cet aveu fait, il se met à discuter, contredit les témoins, nie un à un les forfaits dont il a été l'auteur ou le complice, lutte de son mieux contre l'accusation qui le menace et le confondra, et pourtant ne cesse de faire des mines qui semblent dire : « Vous voyez, messieurs, je suis franc. Tout à l'heure je vous ai dit la vérité ; maintenant je vous la dis de même. Insurgé, révolutionnaire ! soit. Mais assassin, incendiaire, jamais ! »

Les témoins passent, repassent, et eux non plus ne s'en cachent pas : « Trinquet est un assassin ! »

Trinquet les écoute, leur fait de petites objections, paraît désappointé, inquiet, très-ennuyé.

Allons, il est dit que parmi ces hommes de sac et de corde il ne se trouvera pas un seul homme d'énergie.

Après Trinquet,

CHAMPY

un tout jeune homme, pâle, brun, avec de longs cheveux noirs qui tombent tout droit, une jolie petite moustache fine. Tient du séminariste, du serrurier et du pianiste. Comme les autres, Champy se prosterne, ne veut pas être condamné, prodigue les excuses.

Verbeux, sentimental, il fait de longues phrases, qu'il accompagne de sourires indulgents à lui-même, de gestes piteux qui demandent pardon, ne sont pas trop maladroits.

D'abord il semble réciter des choses apprises, puis les mots se pressent, sans ordre, pêle-mêle, et plus qu'ils ne le veulent traduisent l'émotion, la peur de ce gamin niais et débile, qui s'est mesuré à des tâches faites pour des gaillards d'une autre stature.

Je gagerais que Champy, dans son enfance, a été dévot, a servi la messe du moins. Il a des airs penchés, des regards mélancoliques, doux, — où l'on retrouve la trace de cette vénération particulière que font paraître, dans les cérémonies du culte catholique, — les bedeaux, les diacres, — les subalternes.

Il est oppressé, triste ; je crois qu'il va pleurer.

Il laisse tomber sa tête à gauche, à droite, sur sa poitrine ; il a de pauvres longues mèches qui, elles aussi, s'inclinent vers la terre. Il sourit langoureusement, — mais il ne pleure pas. Non, il ne pleure pas.

RÉGÈRE

Imaginez quelque chose d'étrange et de banal, de vieux et de frais, de corrompu et de naïf, quelque chose où il y ait les grimaces du saltimbanque, le sourire sec de la sorcière, la grâce ignoble de la courtisane finie, de l'entremetteuse ; imaginez une tête fatiguée, congestionnée, pommadée, avec de petits traits chiffonnés anguleux, des cheveux rouges, une barbe rouge, un nez rouge, — et vous avez, à peu de choses près, la tête du citoyen Régère, membre de la Commune, un de nos maîtres.

Régère est enchanté, — il y a de quoi. Il a fait pour le mieux. Ce qui l'attend, en bonne justice, ne saurait être le châtiment, mais la récompense. Il s'est dévoué, a maintenu l'ordre. Prudence dans le conseil, — valeur dans les combats : Régère est parfait. Il parle de ses hauts faits avec une bonhomie facile qui est intéressante. Fidèle au système piteux de ses complices, il est soumis, docile ; désapprouve les incendies, les massacres. Un de ces jours, vous entendrez quelqu'un de ces drôles nous dire gravement que c'est M. Thiers qui a démoli sa maison, et M. de Galliffet qui a fait fusiller les otages. L'audace, à ces hauteurs-là, change de nom ; — elle s'appelle : l'ineptie.

Régère ne se contente pas de nier, de discuter, il apprécie, commente, laisse en foule tomber de ses lèvres souriantes des réflexions, des aphorismes, des mots. Il « n'aime pas la guerre civile, » ne connaît rien de si triste « que le peuple qui se trahit lui-même. » Par instants sa voix est attendrie, comme pleurarde ; — une voix de vieille femme qui demande deux sous ou plus. Il a des indignations fréquentes, mais tristes, maussades, sans violence. Néanmoins, tout en se défendant il accuse, dénonce les autres. La Commune n'avait que de pures intentions, il n'a fait que de belles œuvres. C'est ailleurs qu'il faut aller chercher la responsabilité « d'actes infâmes. » Régère nous le dit, quand la populace n'est pas contente, « elle est capable de tout. » Mais la Commune, même en ces jours de mauvaise humeur, est la plus haute personnification de la modération, de la justice, de l'humanité. Chacun sait ça, et Régère mieux que d'autres.

LULLIER

interrogé, se lève, et fait en manière de réponse un récit philosophique, dramatique, politique — formidable — de cent mille choses qui n'ont aucun rapport avec celles qui l'ont amené là où il est, sur les bancs du conseil de guerre.

Ce récit est préparé depuis longtemps, Lullier n'en perdra pas un mot. Voici de longs mois qu'il y travaille, le revoit, le corrige, y met le plus fort, le plus pur de son courage, de son intelligence. Dans sa pensée, c'est l'œuvre maîtresse de sa vie, — celle qui portera son nom aux générations de l'avenir, éclairera le monde, fera toutes les merveilles possibles. Il croit à cette œuvre follement, imperturbablement. Elle est grande, sainte ; elle s'imposera aux rebelles, fera douter les méchants, enflammera les meilleurs. Quand les lueurs fulgurantes qu'elle dégagera auront touché les ténèbres, les misères, les hontes où, pauvres hommes, nous végétons, soudain sortira du chaos une ère nouvelle, et l'humanité régénérée vivra d'une grande vie puissante, noble, libre, qui peu à peu la mènera à la réalisation de l'idéal magnifique où depuis longtemps vit, prospère — avec une quiétude parfaite — l'auteur, M. Lullier en personne.

Lullier sait certainement par cœur tout ce qu'il nous débite. M. le président a toutes les peines du monde à le ramener aux faits de la cause ; il prie, insiste, se fâche un peu. Lullier s'obstine. Il ne veut rien passer, rien taire : tout dans *son travail* est capital. Lullier crie à tue-tête, comme un héraut. On doit l'entendre sur la place. Une voix forte, sonore, mais âpre, dure. Il la conduit mal, la maintient toujours dans le même ton. Quand il rencontre un *r*, Lullier le fait sonner trois, quatre fois, dit la grrrande RRRévolution du 18 mars.

Il est debout, fait face au conseil ; peu de gestes. La tête haute, les mains derrière le dos. Dans tout son personnage je ne sais quoi d'insolent, de brutal, de féroce et de fou. Vous connaissez sa tête de dogue, son nez court, gros, retroussé, sa moustache rousse en croc et ses yeux gris, très-pâles, fixes, avec leur grand regard égaré, qui parfois défie, insulte, sans qu'on sache pourquoi, et le plus souvent s'en va n'importe où, au pays des hallucinations, des délires, des chimères.

Lullier parle très-clairement, mais ne se lasse pas d'accentuer, de souligner. Un désir, une intention, un souffle de Lullier ne saurait être perdu, et Lullier l'offre au monde, avec un scrupule, un soin d'artiste éperdûment épris de lui-même. De plus, il s'embarrasse dans des phrases pénibles, encombrées de termes philosophiques qu'il recherche, affectionne ; il émaille son discours de mots qu'il confond, « causes générales, raisons premières, force initiale ; » parfois il cède aux exigences de son imagination, se laisse aller à la métaphore, à l'effet. C'est ainsi que déshabillant le général Garibaldi sans son consentement, Lullier nous a avoué qu'il pensait que « sa chemise pouvait être un drapeau ! » Cela a fait rire l'auditoire, mais Lullier, lui, n'a pas ri.

Tout entier à son œuvre, il ne s'est point représenté nettement l'état dans lequel ses hardiesses littéraires mettaient le général; et, gravement, il a continué avec la même ardeur, a fait des programmes, des divisions, des subdivisions, de la politique, de la stratégie, de la statistique, de la science, de l'art, de tout, sans qu'il fût possible au président d'arrêter un instant ce flot de paroles qui montait, grondait, portait avec lui tout ce qui peut germer de plantureuse outrecuidance, d'orgueil fou, d'infatuation candide, dans la cervelle malade d'un lunatique.

A cinq heures et demie, Lullier parlait encore. La séance a été levée. Il recommencera demain.

Versailles, 17 août 1871.

Au début de l'audience, Courbet, interpellé par M. le président, balbutie comme il peut je ne sais quelles explications qui n'expliquent pas. Il paraît plus embarrassé, plus timide, plus malheureux que jamais. Il cligne des yeux, rougit, se touche le nez, les lèvres, fait tourner son chapeau entre ses doigts, — à la façon des niais de mélodrame.

Ces débats, d'ailleurs, deviennent monotones. Ces hommes se ressemblent, se répètent. La source de leurs crimes, de leurs folies est la même, invariablement la même : l'orgueil. Nés pour les petites tâches, ils ont voulu toucher aux grandes ; et c'est de cette disproportion entre la vanité et les facultés de ces gens que nous viennent tous nos maux, — et les leurs.

LA GRANDEUR D'AME DE LULLIER

nous a été affirmée par Lullier lui-même avec une foi qui commanderait le respect, — si, par un contraste qui s'explique, elle ne provoquait des envies de rire qu'un peu de décence, mêlé à beaucoup de pitié, réprime du reste assez facilement.

Non-seulement Lullier est un génie organisateur, politique, artistique, philosophique ; Lullier est encore le cœur le plus pur, le meilleur, le plus grand qui se puisse trouver. Il tient en mépris et en horreur le mal, l'injustice, la violence. Clairvoyant et tendre, il a vu tout de suite où marchait la Commune, et en a souffert. Mais souffrir ne suffit pas, — il faut agir. Lullier n'a pas hésité et s'est mis à l'œuvre, sur l'heure. Ah ! c'était une rude besogne ! Il devait à lui seul terrasser, anéantir ce nouvel ennemi, — réchauffé dans son sein, — et qui avait de son propre dire, trois cent mille têtes,

Cela ne l'effraya pas. Il prit des mesures, fit des plans, songea, calcula, se prépara et tira, sous le soleil de Dieu, sa grande épée, qui fit de tels éclairs que le soleil de Dieu ne manqua pas d'en pâlir un peu. Néanmoins, comme Lullier répugne à verser le sang, il se contenta de faire flamboyer pendant quelques instants ce glaive terrible, et le remettant au fourreau, il pensa : Il serait peut-être plus sage de négocier que de combattre ! Et il négocia.

D'ailleurs, tout général en chef qu'il était, Lullier avait déjà marqué son faible pour les concessions diplomatiques. Il aimait la bataille, mais il ne dédaignait pas la discussion. Je vous l'ai dit : un homme complet.

Il entamait volontiers des pourparlers, posait des conditions, n'était pas fâché de dire : Demain à telle heure, le général en chef Lullier — étant présent et à cheval — une grande chose sera faite. Le général en chef en donne sa parole d'honneur.

Amoureux du panache, du bruit, du spectacle, brave, fanatique, enragé, méprisant sa vie mais moins que celle des autres, plein d'imagination, mais sans cœur et même insensible, Lullier réalise assez exactement le type de ces héros grotesques et tapageurs — que nous avons vus, étant tout petits et non sans émotion, au Cirque, à la Porte-Saint-Martin — chefs de bande à panaches, à draperies, aventuriers matamores, — braillards harnachés, fringants, qui meurent à la fin en prenant des poses, en faisant des aveux d'amour, dans les feux de Bengale, au son de la musique grêle des violons, — des pauvres violons aux trémolos sinistres.

LE 43ᵉ RÉGIMENT DE LIGNE

mis en cause par Lullier, a fait parler de lui, aujourd'hui. Vous rappelez-vous ce brave 43ᵉ? Il arrivait de l'armée du Nord, avait combattu sous Faidherbe, fait son devoir vaillamment.

Au Luxembourg où il était campé, il a rencontré le général Lullier, qui a juré, a parlé de désarmement, de Commune, de République, de citoyens.

C'est le commandant Périer qui lui a répondu : « Mes soldats feront, monsieur, comme ils ont coutume. Ils ne se rendront pas; et demain à midi sortiront d'ici en armes, clairons et tambours en tête. De plus, ils emmèneront la batterie de mitrailleuses qui est là dans le jardin, et n'a rien à y faire. C'est entendu, n'est-ce pas, monsieur? demain à midi, heure militaire. »

M. le lieutenant-colonel Périer rappelle aujourd'hui ces faits au conseil.

A la bonne heure! Voilà des hommes. —

honnêtes, dignes, simples ! Oh ! pas de phrases, de poses, de commentaires. Un soldat, un noble soldat, que le lieutenant-colonel Périer. Une belle tête blonde, — un peu grise, — la moustache forte, fournie, presque blanche. Un regard franc, sympathique, plein de bonté, de résolution. Dans les façons, quelque chose de rude, de net et d'excellent, qui attire, séduit.

En entendant M. Périer raconter avec une bonhomie charmante comme il s'y était pris pour se débarrasser du poste de brutes ivres qui lui barraient le chemin, tous ont été émus de la crânerie, de la modestie, du sang-froid de ce vaillant officier, de cet honnête homme, qui toute sa vie ayant fait son devoir, ne semble pas savoir à cinquante ans qu'il y a des gens qui ne le font pas.

Avant et après le lieutenant-colonel Périer, un grand nombre de témoins ont été entendus; ils n'ont rien dit de très-intéressant, ni rien de nouveau.

GROUSSET, MINISTRE DES AFFAIRES ÉTRANGÈRES

Après Lullier, Grousset; après l'outrecuidance stupide, brutale, la vanité niaise, hargneuse : c'est toujours la même chose.

Vous le connaissez, ce Grousset : d'aspect il est moins repoussant que ses amis; il se lave, a du linge, se soigne; une assez jolie tête de coiffeur que vous avez vue accrochée partout. Des cheveux frisés avec beaucoup de pommade, une raie bien tracée, au milieu, tout à fait au milieu, brun, des yeux bleus où il n'y a pas d'intelligence, mais quelque chose de satisfait, de méfiant et de faux.

Il parle très-facilement une langue très-ordinaire, qu'il croit une très-belle langue — pure, ferme, française. Il se trompe : cela est banal, médiocre, comme un fait divers. Ni couleur, ni vie, ni chaleur, ni rien. D'ailleurs, dans le personnage de Grousset, pas l'ombre de distinction — j'entends la vraie, celle qui se dégage d'une âme fine, trempée d'une certaine façon, d'un esprit qui conçoit, juge, observe tout seul, ne vit pas uniquement sur le fonds commun, fait effort pour être lui, — c'est-à-dire quelqu'un. Bavard, élégant, vulgaire, il va sans dire que le délégué aux affaires étrangères ne doute de rien, probablement parce qu'il n'a jamais pensé à rien et sait peu de choses.

Il n'y a que les médiocrités pour avoir de ces audaces, de ces témérités. Il n'hésite pas, pose bien sa voix, a le geste assuré, dit assez bien ce qu'il veut dire. Encore une fois, ce qu'il veut dire ne vaut pas cher. Est-elle donc plus habile que celle de ses amis, cette défense de Grousset? On le dit, mais je n'y veux croire. Comme Trinquet, il a semblé d'abord vouloir montrer une certaine franchise; puis, tout de suite, il s'est dérobé, — et, comme lui, a proclamé l'innocence de la Commune, qui n'a ni tué, ni pillé, ni volé, ni incendié.

Grousset qui, aux premières audiences, paraissait alourdi, affaissé, est aujourd'hui plein d'entrain, de bonne humeur. Il est même tout à fait aimable, gracieux avec le conseil. Il sou-

rit, fait de petites remarques, s'excuse, dit :
« Mon Dieu, j'en demande bien pardon à mes
juges. » Ou bien encore : « Convenez-en, messieurs, la chose était délicate. »

LE CORPS DIPLOMATIQUE DE LA COMMUNE

a défilé, lui aussi, devant le conseil.

Ce sont des braves gens, pas fiers, qui disent « *rapport à la Commune,* » « l'*Arche de triomphe.* »

J'en ai compté une bonne douzaine.

Ils avaient tous une mission. Mais l'air des chancelleries a déjà corrompu ces âmes naturellement simples et droites. Ils n'ont pas voulu nous dire au juste ce qu'était cette mission. L'un d'eux s'est cependant un peu plus avancé.

— Je m'en allais là-bas comme inspecteur.

— Inspecteur de quoi ?

— Ah ! ça, mon colonel, je ne sais pas.

Vous voyez, dans la Commune comme ailleurs, — très-sournois les diplomates.

Le rendez-vous était dans la Nièvre, à Cosne, à Nevers.

Les représentants des puissances étrangères étaient attendus. Des protocoles, des traités, des conventions allaient être signés.

Les questions les plus compliquées pourraient d'ailleurs être traitées par ces messieurs. Avant d'appartenir à la diplomatie, ils avaient dirigé leurs facultés dans les sens les plus divers. Il y avait des garçons de café, des garçons charcutiers, des tailleurs, des peintres en bâtiments, etc.

Et dire que c'est dans le pays de Voltaire qu'on aura vu les hontes, les misères, les saletés de cet ignoble carnaval!

Sur la fin de l'audience, l'amie et la fiancée de Grousset est venue dire qu'elle ne savait pas pourquoi elle était arrêtée.

C'est une jolie personne, qui est très-bien mise : tout en noir, comme en deuil, avec beaucoup de volants, et aussi beaucoup de ces petites machines — vous savez, qui retombent par derrière, sur les côtés, font des fouillis, des tas, des touffes. Elle était très-pâle, et semblait émue. Elle a dit à Grousset en entrant et en sortant un petit bonjour et un adieu qui étaient tendres, gracieux, — suffisamment tendres.

Versailles, 18 août 1871.

Un bon petit temps, pluvieux et doux, ni trop chaud, ni trop lourd, qui présage une belle séance, j'entends une séance où il y aura du monde, beaucoup de monde.

Le commencement, il faut le reconnaître, est modeste. La salle est presque vide. Les gradins du milieu, ceux de gauche, ne se garnissent pas. Les premiers en bois peints en jaune, les seconds rembourrés — un peu — recouverts de serge verte, sont particulièrement dédaignés.

Des témoins entrent doucement, déposent doucement, s'en vont de même. Peu de bruit. Ils parlent bas, disent je ne sais quoi. Leur voix est étouffée, comme éteinte. On ne les entend pas. On m'assure qu'ils s'occupent de Grousset. Je le crois d'autant mieux que Grousset parfois intervient, fait une observation.

Même attitude d'hier : la bouche en cœur, le geste gracieux, facile, — l'air glorieux ; — il n'y a pas de quoi !

Ces personnes qui entrent, sortent, disent, paraît-il, du bien du délégué aux affaires étrangères.

On a remarqué

LE CHEF DU CABINET

qui me semble absolument abruti.

C'est jeune, c'est gros, c'est timide, extraordinairement ennuyé, la tenue d'un cavalier de remonte rentré dans la vie civile.

Le chef de cabinet donne l'impression d'un homme qui voudrait bien s'en aller, — mais s'en aller à tout prix, tout de suite, en faisant des excuses, en affirmant qu'il n'est pour « rien dans toutes ces affaires-là. »

Cependant il n'accable point Grousset, bredouille en sa faveur je ne sais quelles histoires. Soyons juste, le chef du cabinet est bref, — peu clair, mais bref.

Il reste là devant nous une demi-douzaine de minutes, piteux, lourd, malheureux ; puis s'en va avec son gendarme, car ce diplomate est détenu, ni plus ni moins que son personnel, — vous savez — ces pauvres diables d'hier qui faisaient des cuirs, étaient allés à Nevers pour représenter la France, faire de grandes choses.

Le chef du cabinet entendu, on passe à

L'INTERROGATOIRE DU CITOYEN VERDURE

qui est d'aspect un très-vilain personnage, — un des plus vilains de la bande. Grognon, sournois, grossier, le citoyen Verdure est, cela va sans dire, — blanc comme neige. Il a des lunettes, de l'embonpoint, de la barbe — une barbe qui fut noire et, comme les cheveux de Verdure, se fait grise ; — ses épaules sont énormes, rondes, trop hautes. Un boucher mitigé de maître d'école. Il est robuste, pesant, fort, paraît en avoir de l'orgueil, mais aussi il est fier d'être un malin, un finaud, *un homme qui sait.*

En ce moment, je crois néanmoins qu'il donnerait sa vigueur, sa science, et le reste, pour qu'on le laissât tranquille.

Il se défend aussi lâchement que ses acolytes, mais mollement. Il s'excuse, se proclame très-pur... en peu de mots. Il a hâte d'en finir, ne développe pas, néglige les détails.

Il a fait citer un grand nombre de témoins, qui, eux, sont plus bavards. Vous verrez ce qu'ils ont dit.

LE CITOYEN FÉRAT ET LE COMITÉ CENTRAL

une très-belle institution! calomnié par la réaction, est réhabilité par le citoyen Férat, dans le langage embarrassé, prétentieux et incorrect, — qui est particulier aux bottiers mélancoliques.

Le citoyen Férat connaît son affaire. Il aime le Comité central comme s'il l'avait fait, et le défend avec une ardeur attendrie qui provoque une interruption de Lullier, un sourire de Ferré et un soupir de Courbet.

J'ai même reconnu dans le soupir de Courbet quelque chose de soulagé, d'heureux, qui m'a surpris. C'est la première fois depuis le commencement des débats que je vois l'affaissement, l'écrasement de ce malheureux s'émouvoir, donner signe de vie. Courbet ne serait-il point mort?

Un bavard, que ce Férat, et un triste bavard. Il est parfaitement ennuyeux, et semble se juger très-intéressant. Il accumule sans rime ni raison les considérations générales, les anecdotes, les digressions, les résumés; son discours est un pêle-mêle d'hommages excessifs et banals à sa personne d'abord, au Comité central ensuite. Laissé à ses généreuses inspirations, le Comité central n'aurait fait que des merveilles. Ce qui le distinguait, c'était son horreur de la guerre civile. Il ne s'était constitué que pour les œuvres de douceur, d'apaisement, de pardon : c'était dans ce but qu'il s'était armé.

La fédération, la Commune, le comité de salut public, voilà l'enfer ! Ils ont tout perdu, tout corrompu, tout souillé. Le Comité central, lui, austère et pur, n'aspirait qu'à répandre

sur la cité les trésors de sa bienfaisance, de sa
générosité. D'ailleurs, comme nous le savons
tous, il n'admettait dans son sein que des penseurs, des philosophes, des hommes de science,
— Férat par exemple, et aussi Billioray,
Lullier, qui avaient donné à la cause de l'ordre
tant de gages de modération, de haute sagesse.

Imperturbable, loquace, bon enfant, Férat
fait sa démonstration tumultueuse avec l'aplomb
d'un homme qui n'a qu'à se montrer pour
vaincre. C'est un petit monsieur, noir, pâle,
très-âpre. Il s'est épargné, s'est décerné beaucoup de couronnes, mais a traîné ses amis dans
le ruisseau.

Lullier, qui n'entend pas être traîné dans le
ruisseau « par Férat, » a répondu, à très-haute
voix, que Férat ne savait ce qu'il disait. Il a, de
plus déclaré, qu'il allait en quelques mots
éclairer le conseil. Puis, il a commencé une
harangue dans le même ton que ses harangues
précédentes, tapageuse, exubérante, où il a
parlé de « jeunes cantinières, » « de grandes
tables » et de « vin du triomphe. » Quand il a
cru s'apercevoir que le conseil était éclairé,

Lullier satisfait s'est assis. Le tout a duré un bon quart d'heure.

Régère aussi a reparu. Il est horrible, ce gaillard-là, avec sa petite face chiffonnée, rougeaude, suante. Sa voix ne vaut pas mieux que son visage, — elle est criarde, glapissante ; — comme la voix d'une vieille prostituée, d'un ivrogne. Ce qu'il a dit... je n'en sais rien. Il a paru s'indigner, et comme hier, comme avant-hier, a pleurniché, fait des grimaces d'attendrissement.

UN PASSANT

Sur les quatre heures, un grand monsieur, très-maigre, a voulu être entendu. Il ne prétendait pas imposer sa conviction au conseil. Il ne tenait pas à prêter serment, mais simplement à dire son mot.

Il l'a dit dramatiquement, nerveusement, avec un entrain débordant et sérieux, qui a intéressé l'auditoire.

Chaste, pudique, grave, ardente, la parole

de ce témoin a flétri comme il convenait la bêtise de Férat, le concubinage, les concubines, toutes les mauvaises passions. Cet honnête citoyen doit aimer l'éloquence, mais aussi la vertu.

Je crois que ce sont ces deux passions qui l'ont poussé jusque sur l'estrade.

Personne ne lui demandait rien. Il était là, tranquillement, comme vous et moi. Soudain, il s'est dit : « Il faut que je parle ; » et il a parlé — ce qui l'a rendu très-joyeux.

UN PETIT CONSEIL

à M⁰ Laviolette qui, sans le vouloir, — et en voulant même le contraire — pourrait bien finir par impatienter le conseil.

M⁰ Laviolette est un jeune homme, de très-belle humeur, qui, je ne sais pourquoi, a toujours l'air irrité, grognon. Il croit interroger, — il somme, — il croit demander, il exige. Impatient, défiant, inquiet, il semble dire au conseil : « Un instant ! je sais mon affaire. Je ne suis pas de ceux qui se laissent mener, moi. » Il ne veut pas dire cela, je le sais, mais il paraît le dire. Il questionne trop, intervient trop, se remue trop.

On m'assure que M⁰ Laviolette a du talent. J'y consens. Ce m'est une raison de plus de lui dire : M⁰ Laviolette, prenez garde à vous !

CLÉMENT

Encore une vilaine tête que celle de l'accusé Clément ! C'est osseux, ridé, rasé, luisant. Non, sérieusement, ce n'est pas beau. Un vrai paysan franc-comtois, lourd, malin, sournois. Il semble sortir de sa ferme, et croit sincèrement qu'il y retournera — bientôt. Cette espérance est probablement exagérée, mais elle n'est pas tout à fait dénuée de fondement.

L'accusation a été douce pour Clément, et les témoins cités — comme vous le verrez — ne sont pas beaucoup plus sévères.

Clément parle peu et semble comprendre rarement. Il a exprimé ses opinions politiques d'un seul mot : « *Proudhon.* » C'est simple, mais est-ce bien clair ? En tout cas, cela suffit à Clément qui, ce mot dit, s'abstient de tout développement. Il faut l'avouer, Proudhon est de là-bas! du pays...

J'avais parlé de ferme tout à l'heure, — je ne me trompais guère ; mais un témoin dit la même chose et bien mieux que moi. Clément lui aurait fait cette confidence : « Je voudrais rentrer dans mes sabots! » Rentrer dans ses sabots... cela attriste, — et dit joliment ce que cela veut dire!

Versailles, 19 août 1874.

La séance s'ouvre à l'heure dite, on revient sur le passé, mélancoliquement, discrètement. Quelques escarmouches entre M. le commissaire de la République et les accusés. Un témoin paraît, dépose, parle de Verdure, disparaît. Puis Courbet se lève, et, de sa voix lourde, embarrassée, ébauche des justifications, qui, comme hier, comme toujours, se perdent dans un gâchis nuageux, piteux, où l'on voit barbotter, surnager, la peur, la grosse peur de ce gros homme épuisé, haletant, qui, s'il avait une âme, la vendrait séance tenante pour un bon lit, un bon fricot, — les bonnes choses qu'il avait à profusion naguère, — alors qu'il était M. Courbet et ne songeait pas à devenir le citoyen Courbet, le communeux Courbet, l'accusé Courbet. Jourde, toujours souple, adroit; Champy, avec ses mêmes soupirs de cafard; Régère, Grousset, se lèvent, parlent aussi.

RASTOUL

Des excuses! Encore des excuses, qui ont été faites par le docteur Rastoul en personne.

Le docteur Rastoul a commencé par une profession de foi très-énergique, un peu lyrique, banale. Il s'est indigné, révolté, a protesté. Il a traité la Commune de haut en bas, lui a dit des injures, de fortes injures. Il a cependant fait une exception pour un de ses membres, devant lequel il s'est prosterné, attendri. Ce membre, — c'est le docteur Rastoul. Cet hommage rendu et cette condamnation prononcée, l'accusé a fait un exposé de principes qui ressemble beaucoup aux exposés de principes de ses amis. Pas l'ombre d'une idée, pas la trace d'un dessein, d'un programme, de quoi que ce soit. Des mots, des mots vides, et rien avec. On sent que cette rhétorique s'échappe d'un esprit qui imagine parfois, mais ne conçoit, ne réfléchit jamais. Cela est à la fois fougueux et piètre, téméraire et piteux, bien fait hélas ! pour plaire aux enfants, aux foules.

Dans le discours de l'accusé Rastoul, il y a un abus d'affirmations sentimentales, de protestations faciles, qui est fatigant. Les locutions suivantes : « mission régénératrice, droits de l'avenir, impulsion civilisatrice, séparation nécessaire des pouvoirs, aspirations légitimes, » y reviennent fréquemment, périodiquement, de minute en minute, comme si elles étaient poussées par un ressort, ou produites par un tic nerveux, inconscient. Bientôt on ne les distingue plus les unes des autres ; et, peu à peu, elles finissent même par perdre le sens vague, les significations indécises, que leur accorde l'esprit ; elles deviennent alors une sorte de bruit, de murmure régulier, un refrain qui pourrait sans inconvénient être supprimé, ne veut rien dire, est parfaitement insipide.

Rastoul a la parole assez nette, rapide, mais emphatique, vieillotte, comme l'est la parole de presque tous les méridionaux qui sont des hommes ordinaires. La voix n'est pas forte, mais métallique, bien timbrée. On a très-bien entendu tout ce qu'il a dit, mais on n'a pas trop su ce qu'il voulait dire. Rastoul, à cet égard, ne doit pas être beaucoup mieux renseigné que ses auditeurs, et en tout cas, je crois qu'il dédaignerait de les éclairer. Quoique savant, ce docteur me semble appartenir à la catégorie des *politiques croyants*, ceux qui s'imaginent que la foi communarde nous vient, comme l'appétit, la soif, la migraine, toute seule. C'est un homme jeune, avec un grand front, découvert, mais ni beau, ni puissant ; un visage maigre, un peu coloré. Il a bien l'aspect de son personnage; un médecin de club, plus préoccupé des maux de la société que des maux de ses clients.

Il n'a pas l'air trop méchant.

L'INTERROGATOIRE DE DECAMP

qui a suivi celui du docteur Rastoul, a été des plus ternes.

Decamp n'y a pas mis de malice. Il voudrait bien ne pas être condamné. Il ne paraît pas être parfaitement au courant des choses auxquelles a été mêlée son humble personne. Politique, municipalité, gouvernement, droit du peuple, sont des mots qui doivent apparaître à cette pauvre cervelle comme autant de mystères compliqués et étranges. Comme les enfants, il a voulu voir ce qu'il y avait *dedans*. Il a été de la Commune pour savoir *comment ça faisait d'être le gouvernement*. Il pourra lui en cuire, mais c'est son affaire.

Un extérieur de frotteur, — sous lequel se cache certainement une intelligence de frotteur — alimentée, réchauffée par des ambitions, des rêves, des idées de frotteur.

LE DERNIER INTERROGATOIRE

celui de M. Ulysse Parent, n'a pas été long.

L'accusé s'est défendu simplement, avec l'accent triste d'un homme qui se croit injustement soupçonné, mais sans amertume, sans colère.

L'accusation, du reste, l'effleure à peine, et je ne crois pas que M. le commissaire de la République soit disposé à la défendre avec une énergie excessive.

M. Parent a une tête sympathique, douce. Dans le regard, quelque chose d'exalté, d'égaré même, et de bon, de vraiment bon.

Comme tous les sectaires, Parent a dû être mené, dompté toute sa vie, par une vision, une émotion de sa jeunesse, — qui lui aura soudain révélé quelque vérité supérieure, au-dessus de l'homme, du raisonnement, de l'objection. Depuis, il n'a plus pensé, plus observé, plus réfléchi. Il s'en est tenu là. Les natures sensibles et bornées sont très-heureuses de ces trouvailles, qui permettent à l'esprit de se reposer, de s'endormir, de ne plus être un esprit.

L'œil est clair, très-mobile, les traits réguliers, le front haut. Les cheveux longs, bouclés, soyeux, la barbe frisée, plantée comme celle du Christ — sont blonds très-clair. Il y a en Parent de l'inventeur, du croyant, de l'apôtre, — et aussi de l'employé mécontent, morose. Il fait penser à un homme qui aurait beaucoup d'imagination et peu d'esprit, ou du moins un esprit étroit, ordinaire.

En attendant la déposition de M. Martin du Nord, l'accusé, qui depuis les premiers mots de son interrogatoire était très-ému, a rougi, pleuré un peu, s'est incliné; c'était touchant.

A deux heures et demie, l'audience a été levée.

Lundi on interrogera encore deux témoins retardataires, — puis la parole sera donnée à

M. le commissaire de la République, Gaveau.

Versailles, 24 août 1871.

La salle n'est pas vide, mais presque vide. M. le commissaire du gouvernement doit cependant prendre la parole, dire enfin leur fait à ces drôles à son aise, sans interruption, comme il l'entendra. Au commencement de l'audience, des témoins viennent déposer. Ils sont longs, disent des choses intéressantes sur un ton qui est ennuyeux, monotone. Mᵉ Léon Bigot intervient. Il dit que Ferré le jugera tiède, réactionnaire. Nous le croyons sans peine, Mᵉ Bigot jusqu'à présent ne s'est pas fait remarquer par son goût excessif pour les choses horribles. A notre connaissance, il n'a massacré personne, et n'a point fait griller ses concitoyens tout vifs. — Nous lui reprocherions plutôt de marquer à ses concitoyens des sentiments d'une tendresse peut-être trop facile, trop complaisante. Il est clair que Mᵉ Bigot professe pour l'humanité un culte que celle-ci ne mérite guère.

A son âge, — M⁰ Bigot n'a plus douze ans, — il doit croire au mal, mais il n'en parle jamais, et feint même de s'imaginer qu'il n'est qu'une exception, une monstrueuse exception, qui ne prouve rien. Quand, par hasard, M⁰ Bigot rencontre sur sa route quelque robuste forfait, bien clair, bien net, sa candeur s'en effare, mais sa subtilité naturelle découvre des atténuations, des excuses, des si, des mais, tout le bagage des illusions et des ficelles indispensables au noble ministère, au petit métier des avocats.

Avec M⁰ Bigot, nous avons encore entendu

LE MÉDECIN DES JEUNES DÉTENUS

qui a répété, à peu de choses près, ce qu'il nous avait dit il y a dix jours.

Il est revenu sur les horreurs de ces gens. Elles dépassent tout ce que l'imagination la plus perverse peut concevoir. Cela a quelque chose d'atroce, de malpropre, de compliqué et de crapuleux, qui éclaire de lueurs nouvelles les profondeurs insondables de la méchanceté humaine. C'est par-delà les instincts connus de l'homme qu'il faut aller chercher les mobiles de pareils actes. Le châtiment qui les atteindra sera peut-être terrible, nous portons à la justice le défi de le mesurer à la grandeur du crime.

Le témoin, dont l'esprit est encore frappé par le souvenir récent de ce qu'il a vu, en a fait un récit, long, détaillé, qui soulignait, insistait trop. Lorsqu'il s'est retiré, il y a eu dans l'auditoire comme un soupir de soulagement.

FERRÉ S'ENNUIE

Le médecin des Jeunes-Détenus a été suivi d'autres témoins; ils ont dit comme lui — et, parmi eux, un employé de la Roquette a même parfaitement reconnu Ferré. Celui-ci, qui ne veut pas être reconnu, a lancé de sa voix aigre des objections, des démentis qui avaient un air piteux. Du reste, tout ce qui vient de cet homme semble, à mesure que les débats avancent, être plus affaissé, plus piètre. La peur, — la peur « au teint blême » l'a saisi à son tour. Il est très-pâle, balbutie; il crie moins, porte la tête moins haute, et la pauvre arrogance — où il s'essaye encore de temps en temps, — est bien une arrogance de théâtre, qui au premier vent, va se dissiper, s'humilier — crier : « Pitié! — Grâce! » En ce moment même, il parle. Je l'entends à peine. Se sent-il vraiment perdu? Je ne sais. On dirait qu'il se sent perdu, perdu à jamais.

Il n'est guère épargné. Plusieurs le regardent en face, disent : « C'est lui! » ou : « Je crois bien que c'est lui. »

Un gendarme qui a entendu l'interrogatoire de l'archevêque de Paris, en est encore tout ému, il s'indigne, s'emporte, et dans un langage tumultueux et honnête, parle « de coquineries, de gueux .. de bande à Vidocq. »

Si ce brave gendarme « était la justice » comme ces messieurs « ont été le gouvernement, » je crois qu'il réglerait leurs comptes promptement, militairement — sans phrases.

L'INCENDIE DU MINISTÈRE DES FINANCES.

nous a été raconté avec beaucoup de détails par un honorable sous-chef. Le feu venait d'en haut, puis d'en bas. Cela empestait le pétrole. Des employés, des garçons de bureau, des subalternes, ont fait leur devoir. Dans une époque de défaillance, il faut dire, nommer ceux qui font leur devoir. Le témoin narre, apprécie, développe, résume avec une conscience évidente et un plaisir visible.

Jourde s'indigne avec douceur, mais prend la parole avec vivacité, cette vivacité qui sait se faire respectueuse et presque respectable. Toujours habile, poli, logique. Cet homme est-il le plus misérable de ces misérables? ou bien le plus intelligent et le moins misérable?

Les avis sont partagés.

Nous — nous n'avons pas d'avis.

Nous en aurons un — cependant — bientôt — après le jugement du conseil qui, s'il n'est pas un jugement d'absolution — ne sera peut-être pas un jugement implacable.

UN REGAIN DE TÉMOINS

Ce n'était pas fini du tout, — le défilé des témoins. Le voici qui recommence, et de plus belle. Il en vient de partout. Généralement ce sont des témoins émus. Ils ont leurs raisons pour cela. Les uns ont été arrêtés, les autres ont été presque fusillés. Ils racontent au conseil leurs mésaventures avec une abondance gaillarde ou mélancolique, suivant le tempérament de chacun.

Il y en a de très-joyeux, qu'on ne peut pas faire taire. Je remarque parmi ceux-là un petit noir, loquace. Il a mis la Commune *dedans*, et en est très-fier. Prisonnier, il s'est dit : « Faisons le communeux ! Vive la Commune ! et en avant ! »

Tout le monde s'y est trompé, et le lieutenant le premier, *qui était pourtant un malin*. A en croire le témoin, les citoyens fédérés se soignaient, s'accordaient des douceurs. Il y avait sur les tables du café, des cigares — et de l'eau-de-vie, — à discrétion — partout.

On buvait, on trinquait ; — le témoin comme les autres, — mais il avait son idée. On appelait sa femme « la petite mère! » et il lui disait dans le tuyau de l'oreille : « Laisse faire, c'est un truc ! » Il reconnaît les accusés, s'écrie d'une voix de stentor, triomphante : « Le voilà ! — c'est lui. »

Les autres se fâchent, — cela fait de petites histoires où figurent tour à tour Mes Delzant, Carraby, De Sal, puis Jourde qui nie. — Régère qui affirme, est familier, doucereux, pleurnicheur, comme il a coutume. Ce dernier avoue même, avec des grimaces d'enfant gâté, « un péché de jeunesse ! » Qu'est-ce que peut bien valoir ce péché de jeunesse ?

Urbain intervient à son tour, et nous retrouvons sa face écrasée, vulgaire et vile. Aussi il prend des mines aimables, sourit, paraît se croire charmant. Il est repoussant.

7.

Paschal Grousset, lui, a mieux fait que sourire, — il a ri; et c'est lui-même, Grousset (Paschal), délégué aux affaires étrangères de la République française, qui s'est fait rire. Il parlait « du gouvernement régulier de la Commune, » et c'est cela, pas autre chose, qui a provoqué chez le jeune diplomate un accès d'hilarité qu'il a très-imparfaitement réprimé. Le gouvernement régulier de la Commune!... on rirait à moins, et en exceptant le *Chapeau de paille d'Italie*, de joyeuse mémoire, je ne vois rien dans les fastes de la bouffonnerie française moderne qui soit à la hauteur comique des séances que nous ont données ces messieurs.

En ce point, ils ont été parfaits. Pourquoi faut-il que, dans un ordre d'idées plus sombre, ils se soient surpassés eux-mêmes? Nous le leur avons demandé — sous leur ignoble et grotesque domination — et nous le leur demandons aujourd'hui encore : « Qu'est-ce donc qui domine en vous, la bête fauve ou le polichinelle? »

Sur les cinq heures on a entendu

M. CLAUDE, CHEF DE LA SURETÉ

M. Claude est un homme petit, sec, bien découplé. Les cheveux gris, coupés ras, commencent à s'en aller. Il frise la soixantaine, mais semble plein de vie, de nerf. L'intelligence, les jambes, les bras, les muscles, — ont vingt-cinq ans, — vingt-huit — pas plus. Tout cela a vécu, dépensé, mais tout cela est resté jeune. La séve est fraîche, le sang frais. Une volonté énergique a dû veiller à l'équilibre de cette nature vivante et ferme, solide et souple.

La tête est fine, les traits sont droits, bien marqués, les lèvres serrées et très-mobiles; le regard est pénétrant : quand il a vu ce qu'il voulait voir, ce regard fait le distrait, s'en va de ci, de là, touche les choses, les effleure, puis brusquement les enveloppe, les fouille, leur prend encore ce qu'il veut leur prendre, et de nouveau s'en va courir la pretentaine. C'est très-curieux.

Du personnage de M. Claude il se dégage je

ne sais quoi d'agile, de rusé, de résolu; — le flair de renard, les jarrets du cerf, — la patience du savant.

Total : quelqu'un.

UN VILAIN FRISSON

L'audience va finir.

Un témoin paraît.

Ce témoin sait ce qu'il dit; il était là, a vu; pas de doute : Ferré a tué, massacré les otages. Il a mis la main au carnage ; — aidé ses valets, ses hommes. Il a vu tomber les victimes, les a touchées, insultées, a dit aux bourreaux : Vive la Commune !

Le témoin le regarde en face, et dit : Je jure que c'est lui.

Ferré, à son tour, regarde cet homme, entend ces paroles, veut se lever, parler; — mais quelque chose d'extraordinaire, d'inouï s'empare de lui, le domine.

La peur, la grande peur — la peur qui vous mord les entrailles, vous dessèche la gorge, les veines, la poitrine, la peur qui vous fait la chevelure droite, vivante, sensible, la vraie peur qui vous enlève la raison et jusqu'au souffle, — le tient cette fois et le tient bien !

Il n'en peut plus, le malheureux.

Brisé, affolé, il blêmit, tremble. Je crois qu'il va pleurer, appeler sa mère. Il a de petits gestes qu'on ne lui a pas encore vus, des gestes d'enfant, d'idiot.

Ses lèvres frémissent, deviennent violettes, bleues, grises, puis presque blanches. Ses longues narines battent, et de son regard vitreux s'échappent des lueurs étranges ; — il est glacé, stupéfait. On dirait qu'un fantôme s'est levé, l'a touché, lui a dit : « Tu es pris. »

Une sueur l'enveloppe ; un grand frisson le secoue, du crâne au talon.

Il parle ; je ne reconnais plus sa voix. Comme le geste, cette voix est nouvelle. C'est la voix d'un pauvre être qui sent la mort, le châtiment près de lui, et qui se débat, veut se sauver, appeler ; refuse de mourir, de souffrir.

Je n'ai jamais rien vu de plus misérable et de plus atroce, — que cette créature chétive et farouche, mise face à face avec ses forfaits, ses crimes, — et s'écriant comme elle peut : « Ce n'est pas moi ! ce n'est pas moi ! » — C'est cela qu'elle veut dire du moins, mais incohérents, niais, absurdes, les mots que murmurent ses lèvres décolorées n'ont aucun sens. J'y saisis au hasard des lambeaux de phrases pareils à ceux qu'on entend dans les conversations familières, — affectueuses; il dit en souriant — de je ne sais quel sourire fou — doucement : « Cela me révolte, messieurs, vous comprenez ! »

Je le regarde bien. Il chancelle. Je vois son cœur battre, soulevant le drap de son habit. Son visage est blanc; mais blanc mat comme l'est le visage des morts. Ses doigts crispés semblent plus longs ; ils s'agitent, s'étendent comme s'ils cherchaient quelque objet invisible égaré dans l'air. Il essaye de relever la tête, mais sa tête retombe.

Les yeux, qui d'abord tout grands ouverts, avaient fixé, stupides, hagards, celui qui parlait, — se ferment, se rouvrent; — ses paupières, comme prises de fièvre, palpitent; il ne voit plus rien, ne perçoit plus rien que ceci : « Je suis pris, on va me faire du mal ! »

L'audience est levée. Il est temps.

Ferré s'en va. Hébété, il cherche dans la foule le témoin ; puis, relevant un peu la tête, il semble se dire : Allons donc !... c'est un rêve (1) ! »

Versailles, 22 août 1871.

Au début de l'audience peu de monde. Les Versaillaises déjeunent tard, font toilette, n'arrivent que sur les deux heures. Les témoins continuent à passer, à repasser. Il se peut que

---

(1) J'ai noté à l'audience même ce trouble, cet effroi de Ferré. En retrouvant aujourd'hui mon impression d'alors, je la reconnais fidèle. Devant la condamnation certaine, Ferré a eu peur, a reculé, a été pris de ce frisson que j'ai dit.

Devant la mort même, son indomptable orgueil l'a refait homme. On sait comment il est mort.

Sa mort n'atténue en rien ses forfaits, mais elle est certainement la mort d'un brave.

M. le commissaire de la République ne prenne point encore la parole aujourd'hui.

Ferré n'est décidément plus notre Ferré. Il a dû passer une mauvaise nuit. Le ressort nerveux qui soutenait son audace s'est brisé. Sa petite personne a été comme aplatie par la secousse d'hier. Je ne sais ce que cet homme pouvait espérer, mais il est certain qu'il espérait quelque chose. Peut-être pensait-il : « Les preuves manquent. Ces honnêtes gens, parfois, ont des folies de scrupules. Ils savent que je suis un monstre, mais peut-être ne le savent-ils pas assez pour me châtier comme je le mérite. Ils hésiteront, m'enverront là-bas, par delà les mers. Je suis jeune, très-fort. Je reviendrai, je me cacherai ; puis, le moment venu, je reparaîtrai, et cette fois, ma férocité fera des choses telles, si terribles et si promptes, qu'il ne se trouvera plus le lendemain un seul honnête homme vivant pour me les reprocher. » Aujourd'hui Ferré paraît avoir compris qu'il ne reviendra pas, et cela le chagrine, le tourmente, l'épouvante.

Un vent d'effroi furieux a courbé son insolence et ses aplombs qui, naguère, vivaient, se dressaient provocateurs, triomphants. Inquiet, débile, tout son être avoue qu'il se sait vaincu. Sa face blême est comme en cire, — sous la peau, on ne pressent ni muscles, ni sang. L'œil n'a plus de regard et la voix n'a plus d'accent. Le souffle qui animait cette immonde et frêle nature s'est complétement éteint. Est-ce un automate, est-ce un être de chair et d'os, que nous avons là devant nous? Je ne sais. C'est de l'inertie, de la stupeur, de la terreur, faites d'une certaine façon sinistre et ignoble qui décourage, déconcerte le regard.

LA GARDE D'HONNEUR DE LA COMMUNE.

Comme une heure sonnait, on a vu grimper sur l'estrade une sorte d'animal très-repoussant, qui tenait du sanglier et du cloporte. C'était courtaud, vieux, féroce, rachitique, extraordinairement malpropre. Des démangeaisons, des dégoûts vous prenaient rien qu'à voir cette espèce s'avancer, ramper, se secouer, jeter son souffle à l'air de la salle. Vêtu à peu près d'une tunique de fédéré sans boutons, d'un pantalon de mobile breton, jaune avec la bande rouge, celui qui venait ainsi apporter au conseil le fruit de ses méditations, roulait de petits yeux gris, méchants et stupides, — montrait une sorte de figure abrutie, et cependant hypocrite, qui grimaçait, vivait sous une touffe de poil fauve qui commençait dans le dos, montait sur le crâne, couvrait le front et les yeux, et frisé, court, hérissé, s'étalait sur les joues, le menton, le cou.

Interrogé, il n'a pas voulu répondre.

C'était pourtant un prétorien, un fidèle de la Commune. Il montait la garde à la Roquette, sans désemparer, le matin, le soir. Il l'a montée pendant dix-sept jours et dix-sept nuits. Il ne s'en plaint pas ; c'était un poste de confiance, — et très-particulier ; si particulier que les sentinelles qui le gardaient, subitement et tant que durait le service, étaient frappées de cécité. C'est ainsi que notre prétorien, pendant ses dix-sept jours et ses dix-sept nuits, n'a vu entrer personne à la prison, — ni personne en sortir.

Il le jure, et s'en va traînant le pied, la tête basse, le regard louche.

Après lui, un officier supérieur de la même tenue, du même air, paraît devant le conseil. C'est un chef de bataillon. Il parle beaucoup de *son* bataillon. « Je dis à *mon* bataillon, j'invitai *mon* bataillon, etc. » Il a encore la figure d'un homme qui s'est pris au sérieux et se croit très-militaire.

Jourde pose des questions. Il semble plus affecté, plus inquiet. Mˢ Bigot parle des pompiers, de M. Thiers, du vrai peuple, du peuple qui n'est pas le vrai. Mˢ Dupont de Bussac, lui, émet des idées sur les fils électriques, qui ne sont pas celles de M. le président. Comme Mˢ Dupont de Bussac est nerveux, facile à la mauvaise humeur, je crois un moment que les choses vont mal tourner. C'est une erreur. Elle tournent bien, et le débat continue.

Beaucoup de pompiers sont entendus. Ils sont vêtus de même et déposent de même. C'est assez ennuyeux.

Il pleut à torrent. La pluie lourde et pressée tombe sur les vitraux et le plomb de la toiture.

L'ecclésiastique de Férat — tous les accusés ont un ecclésiastique, — tout à l'heure parlait bas. On ne l'entendait pas. Maintenant il crie à tue-tête ; — on l'entend encore moins.

La séance est suspendue, et pendant cette suspension, l'orage fait sa besogne.

On ne peut bouger, — la place d'Armes est une vaste mare boueuse et jaune, où les plus hardis redoutent de s'aventurer. La pluie tombe toujours et ses gouttes font sauter le sable, la terre. Cela dure une bonne demi-heure. L'air n'est pas rafraîchi. On étouffe.

A trois heures, l'audience est reprise. Le conseil rentre en séance.

Il n'y a pas de témoins.

Enfin !

La parole est donnée à M. le commissaire de la République.

M. LE COMMANDANT GAVEAU.

Nous le connaissons déjà. Un homme sympathique, ardent et un peu timide. Dans ses façons, quelque embarras, nous y consentons, mais aussi beaucoup de résolution. M. le commandant Gaveau doit être un homme très-modeste et aussi très-énergique, se méfiant de ses forces, aimant son métier de soldat, dédaignant les occasions de paraître ou de briller.

Je ne serais pas étonné que d'abord il eût été effrayé de la lourde tâche qu'il lui fallait remplir, et qu'il ne l'eût acceptée que pressé par les conseils de ses amis et de ses chefs. Une fois que la chose fut dite et faite cependant, il se mit à l'œuvre vaillamment. Nous l'avons vu à l'audience prompt, loyal, allant droit au but, ne comprenant rien aux chicanes, aux faux-fuyants, et disant carrément sa pensée. « Il y a là une bande de coquins. Il faut les châtier au plus vite. Avec mon aide, le conseil s'en chargera! »

Les avocats se sont étonnés de ces formes qu'ils jugeaient par trop simples et militaires. A la rigueur, nous nous expliquons la surprise de ces messieurs, mais nous ne pouvons pas ne point comprendre bien mieux encore les émotions et même les impatiences d'un soldat auquel, du jour au lendemain, on impose des devoirs tout autres que ceux où il a coutume. Dans une salle d'audience, je le sais, devant la justice, la souplesse fait meilleure figure que la rudesse ; mais là comme ailleurs, la franchise et le goût de la vérité auront toujours un prestige auquel toutes les habiletés du monde ne sauront jamais atteindre.

En se levant pour prendre la parole, M. le commissaire du gouvernement était très-pâle et semblait ému. Il a cependant dit très-nettement, et sans qu'un seul mot en fût perdu, son exorde qui, dans une forme brève et concise, a parfaitement interprété l'indignation soulevée dans le cœur des honnêtes gens par les forfaits de ces fous et de ces méchants. M. le commissaire du gouvernement demande des répressions terribles. Nous le savons, mais nous avouons que nous ne nous en plaignons pas.

Après avoir indiqué les divisions que la nature des crimes imposait à son réquisitoire, M. Gaveau a tout de suite abordé les faits. Il avait les mains pleines des documents par lesquels les accusés se sont d'avance condamnés. Il les a lus un à un. Vous vous les rappelez ces affiches, ces proclamations, ces sottises, ces honteuses inepties, qui deux mois durant, rappelèrent chaque matin aux Parisiens sous quel joug infamant et ridicule ils étaient courbés?. Eh bien ! lisez-les, relisez-les, et surtout ne les oubliez pas.

M. Gaveau a décidément une bonne voix, bien posée, très-claire. Il ne parle pas trop vite ni trop lentement. Le débit est bon. Je ne dirai pas à M. le commissaire de la République qu'il est un orateur, ni même qu'il parle très-bien, mais je lui dirai encore moins qu'il parle mal. J'avouerai même que dans l'hésitation de sa parole, je trouve je ne sais quelle saveur de modestie et de douceur qui, chez un soldat, me semble tout à fait charmante. M. Gaveau ne doit pas avoir, d'ailleurs, de prétentions artistiques. Il entend dire simplement des choses simples. Il y réussit. C'est mon sentiment, du moins.

L'audience est levée à cinq heures.

M. le commissaire de la République n'a pas encore parlé des accusés. Il le fera demain.

Versailles, 23 août 1871.

M. le commissaire de la République ne prend pas la parole au début de l'audience. On entend un témoin. Il dépose assez longuement. Ferré lui demande je ne sais quoi. Le témoin s'en va et M. le commandant Gaveaux continue son

RÉQUISITOIRE

Il commence par lire des pièces très-importantes relatives aux incendies. Il y a aujourd'hui beaucoup de monde. Les bancs du milieu, ceux de droite sont entièrement garnis.

Je vous ai dit hier ce que je pensais de M. le commandant Gaveau, et j'ai insisté sur son goût pour les choses simples, son antipathie pour les autres, celles qui font du bruit, sont compliquées, attirent l'attention. J'ai dit que je croyais M. Gaveau un homme très-modeste et peu désireux de renommée. Je ne me suis pas trompé.

Dans la première partie de son réquisitoire, M. le commissaire du gouvernement avait parlé d'abondance, dit les choses comme elles lui venaient. Il m'avait paru que son langage, quoi qu'un peu hésitant peut-être, demeurait très-net, très-clair. M. Gaveau a été plus difficile ou plus scrupuleux. Aujourd'hui, il ne parle plus, — il lit. Les débats en seront sans doute moins longs, mais n'y perdront rien. La parole *parlée* a des tentations que n'a pas la parole *écrite*. Très-facilement l'orateur, l'homme qui entend sa voix, perçoit, touche les progrès de son improvisation, se laisse aller à des développements qu'il eût dédaignés, si le travail de son intelligence eût été fait solitairement, loin du public, — dans le silence du cabinet, comme on dit. De même, il faut le dire, le public qui entend une lecture, y apporte moins d'attention qu'à un discours improvisé. — Il aimerait mieux lui aussi juger la chose tout seul, — dans le silence que j'ai dit. Le vrai, c'est que, lorsqu'on écrit, il faut être lu, — et écouté lorsqu'on parle.

Je suis donc un peu embarrassé, je l'avoue,

pour dire mon sentiment aujourd'hui sur les lectures que nous fait M. le commissaire du gouvernement. Cela passe si vite que je ne sais si cela est bien écrit, et cela ayant été écrit, c'est-à-dire préparé, je n'ose dire que cela est bien dit. Ni chien, ni loup, vous voyez le réquisitoire. Je suis vraiment très-embarrassé.

Avant de s'asseoir, M. le commissaire de la République a demandé au conseil d'une voix émue et indignée de faire ici, comme sur le champ de bataille, son devoir, — son terrible devoir, — énergiquement, simplement, en soldats.

Les accusés ont écouté M. Gaveau avec calme. Ferré, comme hier, — très-pâle, le regard fixe, appuyé sur le rebord de l'estrade, ne montrant que son profil féroce et vil, n'a pas bougé. Assi a repris l'air hautain, — d'une hauteur vulgaire, — qu'il affectionne. Courbet a un peu souri, semblant dire tristement : « Voilà ! ce que c'est... on fait pour le mieux !... » Régère a recommencé ses grimaces d'indignation attendrie. Les autres avaient l'aspect de gens qui pensent à autre chose.

A la reprise de l'audience, on a entendu

LA DÉFENSE DE FERRÉ

présentée par Ferré lui-même.

Cela n'a pas été long.

Il s'est levé, frissonnant et blême, et a commencé à lire, d'une voix saccadée, étranglée, mais assez nette cependant, une sorte de proclamation qu'il tenait à la main.

Arrêté dès les premiers mots, il a balbutié, prié, supplié le conseil de l'entendre.

Evidemment, il y a en cet homme, anéanti, fini à l'heure qu'il est, un homme qui n'est pas encore tout à fait mort, — c'est le comédien.

Il veut être entendu, il le veut absolument. Il a encore son public, demain il ne l'aura peut-être plus. Il ne veut pas le quitter, ce public, sans lui avoir imposé une dernière séance, — la belle, — la séance d'adieu. Ah! croyez bien que depuis trois mois Ferré n'a que ceci en tête : « A la fin, je serai terrible et je serai beau. On me haïra peut-être, — mais on m'admirera ! » Et depuis avant-hier, c'est cet espoir stupide qui l'a soutenu, laissé debout.

Interrompu deux fois, il a dû à l'intervention de son avocat, M⁰ Marchand, de pouvoir lire ses deux dernières phrases. Il y est parlé de vengeance, d'honneur, de lâcheté. Cela ne veut rien dire, et a été écouté avec une indifférence parfaite.

En terminant, Ferré a paru se raccrocher à je ne sais quelle chance de salut, — absurdement entrevue, — il a fait des allusions à des complices, à des révélations. Puis ça été tout.

Sentant son rôle fini, navré, lui, si grand, de disparaître si petit, il s'est assis, n'a plus soufflé mot, pendant quelques minutes s'est remué, agité nerveusement, comme un homme déconcerté, exaspéré par une déception brusque, subite ; puis il a ricané, regardé la salle, le conseil, les défenseurs, a paru très-joyeux, et bien plus vivant qu'hier.

Pourquoi donc ?

Mᵉ LÉON BIGOT

le défenseur d'Assi, a pris la parole à son tour. Je crois qu'il la gardera longtemps. J'ajouterai même que je le crains.

Je n'avais pourtant pas de méfiance. Quand il veut, Mᵉ Bigot plaide bien, j'entends raisonnablement. Aujourd'hui il a voulu autre chose. Je vous dirais bien ce que Mᵉ Bigot a voulu, mais comme je n'en suis pas sûr, je préfère le taire. Dans son exorde, j'ai reconnu de ci, de là, des apostrophes, des lambeaux de programme, des affirmations de principes que j'ai déjà vu traîner sur les affiches électorales, dans des manifestes. Cela m'a semblé banal, redondant, choquant, et même quelque chose de plus.

J'aime l'indignation, mais j'ai un culte pour la sincérité. Mᵉ Bigot s'est indigné beaucoup, — en son commencement. Il a évoqué de sombres images, et, à propos du 31 octobre, nous a entretenus de la noble et triste fin du commandant Baroche. Mᵉ Bigot a fait cela comme il le devait, en termes émus et convenables. C'est au mieux, mais cela fait, il nous a longuement insinué que les hommes du 31 octobre étaient de doux citoyens qui, avec un peu plus de chance, n'auraient pu manquer de conduire la France aux plus nobles destinées, *Blanqui imperatore*.

Pour nous, en dépit de la douceur bien connue de Blanqui et de sa bande, nous regrettons de tout notre cœur qu'ils n'aient pas rencontré ce jour-là, sur leur chemin, les deux ou trois belles décharges des mobiles bretons, qui trois mois plus tard balayèrent si prestement la place de l'Hôtel-de-Ville, — cette place si chère aux patriotes inoccupés. Ces braves mobiles nous auraient rendu un service d'autant plus appréciable, — en simplifiant les moyens de répression de leur gouvernement, — qu'ils nous auraient probablement épargné et le 24 janvier, et le 18 mars, et le reste. M⁰ Bigot, qui n'a pas défendu ces deux dernières dates, a montré pour la première une indulgence mélancolique, qui vient peut-être d'un bon cœur, mais qui ne révèle pas un esprit très-logique.

Mᵉ Léon Bigot est pourtant le plus pacifique des hommes, et si, en lui, je découvrais le moindre grain de mil communeux, j'avoue que j'en serais surpris, mais qu'il me serait impossible d'en être effrayé. Il a une si bonne figure Mᵉ Bigot ! gaie, réjouie, un peu étonnée, avec quelque chose de malin et parfois d'inquiet. Quoique plein d'illusions, ce n'est plus un adolescent ; de trente-huit à quarante-quatre, brun, un peu rougeaud, bon enfant, il a l'air de croire ce qu'il débite. Rien du sectaire, du fanatique, cependant ; croyant, mais doux. Il doit être très-entêté, et j'inclinerais même à penser qu'il se persuade que cet entêtement est de la foi, — de la vraie foi.

Sa plaidoirie est longue. Voici tantôt deux heures qu'elle dure, et je ne crois pas qu'elle soit près de sa fin.

Elle ne me paraît pas bien composée ou, du du moins, je n'en aperçois pas très-clairement l'ordonnance. Elle a débuté par des solennités, et elle se soutient par des bavardages. Je me hâte de dire que Mᵉ Bigot vaut infiniment mieux comme bavard que comme pontife. Il a tort de faire la grosse voix et de s'aventurer dans les régions périlleuses où s'épanouissent les périodes abondantes et fleuries ; M⁰ Bigot tonne mal. A sa place, moi je ne tonnerais jamais. En revanche, Mᵉ Bigot cause bien, et c'est pour cela qu'il ne ne cause pas assez souvent, — j'entends quand il plaide.

A cinq heures, l'audience est levée, et Mᶜ Bigot n'a pas fini. Mais

Mᵉ MANCHON

paraît, dépose des conclusions, crie comme un sourd, et dit beaucoup de malhonnêtetés aux journalistes.

Mᵉ Manchon est un grand gaillard exalté comme une vieille dévote ; lui non plus, il n'a pas l'air méchant, mais aujourd'hui il n'a pas eu tout à fait assez d'esprit.

Il a cependant dit des choses justes et aussi des choses qui n'étaient pas justes. Il s'est enflammé, a parlé de presse vénale. Mᵉ Manchon a été sévère, méprisant. Cette indignation n'avait rien à faire dans ses conclusions qui d'ailleurs étaient sages. Pourquoi l'y a-t-il donc mise? Je crois bien qu'il n'en sait rien.

———

Versailles, 24 août 1871.

Je prévois une pauvre audience. Les avocats parleront, parleront longtemps, et diront des choses qui se ressemblent. Je ne veux pas leur en tenir rancune, mais ne saurais m'en réjouir. Les avocats ont ceci de commun avec le vulgaire, qu'ils font comme ils peuvent et non comme ils veulent. Ceux qui ont accepté ou recherché les difficultés d'une défense, sinon de la Commune, du moins des communeux, sont même infiniment plus mal partagés que d'autres. Délicate et compliquée, leur tâche n'était pas cependant inabordable, et je persiste à croire qu'elle sera remplie par quelques-uns dignement, discrètement, comme elle doit l'être. On aura beau dire, il ne suffit pas d'être convaincu que son client est un ange, pour en convaincre un tribunal.

En plus de la foi, un peu d'esprit, un peu de jugement, beaucoup de tact et de goût, soutiennent l'avocat et l'empêchent de tomber dans les banalités, les redondances, les proclamations intéressées, les affirmations, les développements, où la cause, le client disparaissent, pour laisser le champ libre à la candidature qui, en ce domaine qui n'est pas le sien, se pose, s'installe, se carre tout comme chez elle. Je crois même qu'à défaut des qualités que je viens de dire, le sentiment un peu vif de sa dignité, doit avertir assez sûrement l'avocat qui parle de lui, de ses principes, de ses espérances, plus que de son client, qu'il fait fausse route, oublie son devoir.

Mais si la dignité a ses exigences, me répondront quelques-uns de ces messieurs, l'ambition aussi a les siennes. Ambition légitime, exigences légitimes. Je connais l'objection et je ne m'y rends guère. A tort ou à raison, j'estime que l'ambition de dire sa pensée, toute nue, toute crue, comme elle vous vient, est infiniment plus haute, et relève de mobiles bien autrement

nobles que celle d'être ministre, député, préfet,
— et même un ministre excellent, un député
exquis, un préfet modèle. Je vous l'ai dit hier,
j'aime la sincérité de l'amour le plus tendre, et
la respecte du respect le plus absolu. Cette disposition me mettra mal avec beaucoup des honorables défenseurs ; je le regrette, car enfin, à
la rigueur, on peut être ambitieux sans être criminel. — De Macbeth à M. Poirier, il y a de la
marge. — et, parmi ces messieurs, il se rencontre des hommes charmants qui ne disent des
bêtises que lorsqu'ils ne parlent d'eux ou de
leurs candidatures, — hélas, ils en parlent souvent !

Mᶜ LÉON BIGOT

a continué. Il a été meilleur qu'hier. Il a discuté
et pas trop mal. J'ai même remarqué plusieurs
fois qu'il parlait d'Assi. Soyons juste ; toutes
ces causes sont hérissées de difficultés. Je ne
dirai pas que Mᵉ Bigot a su les vaincre, mais
parfois il s'y est essayé, avec ardeur, une grosse

ardeur qui suait sang et eau, n'avait vraiment pas mauvais air.

Il a eu de bons moments et de moins bons.

Quand il a parlé de la cour de cassation à M. le commissaire du gouvernement avec des mines entendues et narquoises, Mᵉ Bigot a été au-dessous de lui-même, — j'entends du Bigot le plus lourd, le plus mauvais qu'il puisse être. Dire à un soldat : « Vous ne connaissez pas l'arrêt de la cour de cassation du 30 septembre » et feindre des ahurissements de basochien subtil, est une facétie pauvre, presque grossière, qu'aurait pu, je l'espère, éviter sans trop de peine le fougueux défenseur d'Assi.

M. le commandant Gaveau a, du reste, déconcerté les malices de son savant adversaire par cette réponse topique : « Je n'en connais pas le premier mot. »

Mᵉ Bigot, qui se doutait un peu de la chose, a cependant paru tout abasourdi de l'apprendre.

Ceci dit, reconnaissons-le, Mᵉ Bigot a fait de son mieux... Sans le peiner, je crois pouvoir lui dire cependant que le meilleur de sa harangue est certainement le passage d'une autre harangue qu'il a lu au conseil d'une voix assez vibrante qui semblait assez émue.

J'ai moins aimé sa péroraison, goûtée cependant de quelques-uns. Je suis peut-être intéressé dans la question. Hier, j'avais dit à M⁰ Bigot : « Ne tonnez donc pas! » et le voici aujourd'hui qui tonne de plus belle! En l'entendant tonner ainsi, Courbet, Clément, Descamp pleuraient. Ils pleuraient pour de bon, ils avaient tiré leurs mouchoirs.

Au tour du défenseur d'Urbain.

Mᵉ ANDRÉ ROUSSELLE

commence bien, mais cela ne dure pas. Son exorde est, comme toujours, un fort exorde bourré de choses dont sont bourrés les exordes de tout le monde; mais il n'est pas trop long, affecte je ne sais quelle allure modeste, humble, — qui n'est pas maladroite.

Très-solennelle, très-ordinaire, imperturbable, la parole de Mᵉ André Rousselle va droit devant elle, ni plus ni moins que la lumière ou le glaive de Dieu. Elle n'hésite pas, ne choisit pas, n'examine pas, — elle va. J'ai beau faire, il m'est impossible de suspecter la bonne foi qui anime ces natures tout ensemble audacieuses et vulgaires. Pour conserver ces candeurs, ces aplombs, il faut croire ou s'imaginer que l'on croit. Croire? D'accord. Mais on peut croire à cent mille choses.

Je suis bien près de penser que M⁰ André Rousselle, lui, croit fortement en M⁰ André Rousselle, ce qui n'exclut pas d'ailleurs absolument d'autres croyances. Il a parlé de la Commune, des élections, du mois de mars, des fautes de Versailles, avec des accents qui, j'aime mieux l'avouer tout de suite, m'ont donné sur les nerfs. Cet aveu fait, je me sens plus à l'aise pour juger M⁰ André Rousselle, que je ne jugerai peut-être pas avec parti pris, — mais non plus sans passion.

M⁰ Rousselle, en somme, a fait des concessions en son exorde, mais il semble qu'il s'en soit repenti, car il a entonné tout de suite de sa plus belle voix une de ces plaidoiries auxquelles tout à l'heure je faisais allusion, — et qui, à vrai dire, ne sont pas des plaidoiries, mais des professions de foi, des programmes, des manifestes, desquels l'avocat espère, attend tout autre chose que le salut de son client. Mon Dieu ! je sais bien que le client n'est pas tout à fait oublié. De temps en temps on dit bien : « Urbain par-ci... Urbain par-là... » Mais les préoccupations dominantes sont ailleurs.

M° André Rousselle est certainement maître de diriger sa défense dans le sens qu'il lui plaît; mais il nous permettra de lui dire que c'est un singulier moyen de la faire accepter au conseil que de l'appuyer sur des complaisances, des indulgences étranges pour des actes que le conseil réprouve et dont il a mission de châtier les auteurs. Ce moyen est même si singulier que les âmes les moins méfiantes sont toutes disposées à croire qu'il est employé à une autre fin et veut servir à une autre œuvre.

Du reste, M° Rousselle l'a reconnu. — Dans sa très-ronflante péroraison, — il a plaidé pour l'histoire, qui plus tard jugera tout le monde. M° Rousselle a débité cette fin sur un ton irrité, violent, presque menaçant, qui en a souligné la banalité. L'auditoire a murmuré. L'auditoire a eu tort. Il n'y avait même pas de quoi murmurer !

En somme, pauvre, très-pauvre plaidoirie, qui n'a rien prouvé, si ce n'est que M⁰ Rousselle avait encore le courage de faire des agaceries à la populace, cette douce populace, — à laquelle nous devons tant. Il y a deux ans, nous avions eu l'occasion de rencontrer M⁰ André Rousselle en pleine lutte électorale. Il y jouait un rôle meilleur, et attaquait alors avec beaucoup de vigueur, d'énergie, la ridicule candidature de M. Rochefort; mais il paraît qu'à l'instar des zéphyrs, les opinions changent, et les opinions de M⁰ Rousselle ont changé.

Après lui,

M⁰ BOYER

a pris la parole pour Billioray.

M⁰ Boyer est un jeune homme, qui n'a pas cherché, — et je lui en sais gré, — à agrandir le débat.

Il a plaidé raisonnablement, sérieusement, tout comme s'il s'agissait de gagner sa cause. Il a énuméré les faits et les a discutés avec simplicité.

M⁰ Boyer a la parole facile et claire. Il remplit sa mission tranquillement, comme je voudrais voir tous ses confrères la remplir.

Maintenant je vais encore vous faire un aveu. Ces débats deviennent tout simplement les plus ennuyeux du monde. Aujourd'hui la séance a été la chose la plus terne, la moins vivante qui se puisse imaginer. Les avocats n'ont pas de talent; ils croient en avoir, et sont longs, très-longs, n'en finissent plus. C'est très-grave, savez-vous? Nous serons encore ici au passage des cailles.

Versailles, 25 août 1874.

Est-ce la faute des avocats, est-ce la faute de l'orage qui nous envoie, en manière d'éclai-

reurs, de lourdes vapeurs, de gros nuages, de
chauds, d'humides avertissements? Je ne sais,
mais la salle est une salle alanguie et terne.
On écoute mal. De petites conversations s'engagent;
les femmes abusent de l'éventail, bâillent,
sont en sueur.

La séance commence. M. le président fait
une observation, M° André Rousselle y répond
convenablement, avec de petits sourires, — que
je ne m'explique pas trop. Il est entendu que
si les avocats s'avisent encore de considérer
leurs juges comme leurs vainqueurs, — la parole
leur sera retirée. Il semble, en effet, que
des juges ne sont ni vainqueurs, ni vaincus, —
mais simplement juges. Il est vrai d'ajouter que,
lorsqu'on juge un de ses concitoyens, on est généralement
plus fort que lui, sans quoi ce serait
lui qui vous jugerait. Il y a peut-être là un
cercle vicieux, et je le signale à la logique des
défenseurs et à la sagesse du conseil.

Mᵉ BOYER

a continué sa plaidoirie.

Comme hier, Mᵉ Boyer a rempli sa mission avec calme, dignement. Il a su se faire écouter avec attention et même sympathie. Il n'a parlé que de son client, que de sa cause. Je ne dirai pas qu'il l'a gagnée, — mais qu'il a su la défendre honorablement.

Tout jeune qu'il est, Mᵉ Boyer a donné une leçon à beaucoup de ses confrères, et notamment aux plus âgés de ses confrères.

Interrompu une seule fois par M. le commissaire de la République, il a répondu en quelques mots, sans vivacité, sans impatience, qu'ayant respecté les droits de l'accusation, il demandait que ceux de la défense fussent de même respectés.

Il a dit cela d'une bonne façon, humble et grave à la fois, qui a semblé plaire au conseil, et même à l'interrupteur, à M. le commissaire de la République en personne.

On a encore entendu un témoin cité à la

requête de M. Ulysse Parent. Interrogé par Mᵉ Georges Lechevalier, ce témoin a dit ce qu'il savait, et ce qu'il sait ne me semble pas charger beaucoup l'accusé.

La parole a été donnée au défenseur de Jourde, à

Mᵉ CARRABY.

Enfin ! voilà vraiment un homme de talent.

Vous connaissez l'homme et vous connaissez le talent. L'un vaut l'autre. Qui a vu celui-ci, a jugé celui-là. Tous deux sont menés par la même force et obéissent à la même impulsion. Ardent, sensible, Mᵉ Carraby donne tout de suite l'impression d'un homme de cœur, et ce qui se dégage d'abord de sa parole émue, — et lui communique sa chaleur, sa vie, — c'est la bonté.

Un vrai tempérament d'avocat. Prompt à l'enthousiasme, facile à l'illusion, jugeant bien plus avec son émotion qu'avec sa raison, un peu rêveur, très-généreux, le défenseur de

Jourde est de la race de ceux qui, en dépit des déceptions et des déboires, s'obstinent à croire que c'est bien plus le pardon, l'indulgence, la mansuétude qui corrigeront les erreurs et les crimes de l'homme, que la sévérité, la rigueur. Ainsi pourvu, on peut logiquement s'apitoyer sur les plus coupables, que la compassion transforme très-vite en malheureux. Puis, sans qu'on le veuille, l'orgueil de tenter une chose difficile, le sentiment de la responsabilité, s'ajoutent au désir de soulager; on finit par ne plus voir la vérité, qui, sous l'influence compliquée de ces impressions, s'adoucit : elle n'est plus la vraie vérité, celle qu'aurait découverte le jugement libre de celui-là même qu'égare la passion — noble, mais intéressée d'accomplir jusqu'au bout la tâche que sa générosité d'abord, son amour-propre ensuite, l'ont poussé à entreprendre.

Nous ne serions donc pas surpris que Me Carraby, en acceptant de défendre Jourde devant le conseil de guerre, eût cédé à des tentations d'une nature diverse. Il a beaucoup hésité. D'abord, il ne voulait qu'assister son jeune confrère, M⁰ Deschar ; puis celui-ci, au dernier moment, s'est effrayé, a craint d'être au-dessous de sa mission. M⁰ Carraby s'est alors décidé.

M⁰ Carraby plaide aujourd'hui comme il a coutume. Il s'est jeté dans sa cause naïvement, éperdûment. Il y croit. Il ne voit plus rien dans cette cause que le salut de son client. Il est accablé par les charges de l'acte d'accusation, il est presque condamné, M⁰ Carraby le sait, — ou du moins l'a su, — maintenant il l'oublie, ne veut pas s'en souvenir. Passionné, aveugle, il s'obstine dans sa passion, dans son aveuglement. Le succès est à ce prix ; et coûte que coûte, M⁰ Carraby s'est juré qu'il l'obtiendrait.

L'obtiendra-t-il ? c'est l'affaire du conseil et non la nôtre.

M⁰ Carraby, pourtant, fait de son mieux. Son exorde a été très-habile, et cependant d'une très-franche allure. Pour la première fois enfin, nous avons entendu un homme de cœur flétrir, comme ils le méritent, les extravagances sanguinaires, les crimes des goujats imbéciles qui ont été nos maîtres pendant deux longs mois. Cela nous a reposé des indulgences, des réticences intéressées dont étaient pleines les plaidoiries d'hier.

M° Carraby a été long, mais pas trop long.

A quatre heures il prononçait les derniers mots de sa plaidoirie, doucement, de cette voix chaude, un peu tremblante, sympathique, attendrie, — qui rend si bien la prière, la pitié, le pardon.

Après lui M° Denis, le défenseur de Trinquet, a pris la parole. Lui non plus il n'a point trop fait de politique. Il parle sans prétention, M° Denis, et il a bien raison.

Versailles, 26 août 1871.

Il fait plus frais qu'hier, mais il n'y a pas plus de monde. M° Denis cependant avait bien fermé la séance, en disant de bonnes choses sur un petit ton goguenard et simple, qui n'avait pas déplu.

A l'ouverture de l'audience, on appelle des

témoins. Mᵉ Carraby n'est pas là. Ces témoins vont parler de Jourde. L'un est concierge et loquace, l'autre n'est pas concierge, — mais est moins loquace; — c'est un bonhomme qui s'embrouille, jure « devant tout ce qu'on voudra! » se reprend, s'excuse en riant d'un gros rire et dit : « C'est bon... c'est bon... ça y est tout de même! » Tous les deux disent des choses qui ne sont pas du goût de Jourde; il se lève, demande la parole, et dans ce langage clair et souple qui est le sien, il dément, réfute ou s'y essaye. Je vous le répète, ce Jourde n'est pas un sot. Il y a même en lui je ne sais quoi d'ardent, d'inquiet et de franc qui déconcerte le soupçon.

Il sait parler et se faire écouter. Il flatte le conseil, et intercale dans sa discussion des formules de politesse, très-humbles, très-trouvées, mais dont il abuse un peu : « Le conseil comprendra que ma situation d'accusé ne me permet pas... » ou encore : « La bienveillante impartialité de M. le président, dont nous avons tous à nous louer... » Je ne sais et ne puis prévoir quel sera le verdict du conseil, mais il n'atteindra certainement pas un niais, un irresponsable. Innocent ou coupable, — Jourde a fait ce qu'il a voulu, et su ce qu'il a fait.

Nous entendrons encore parler de Ferré, il a fait citer deux témoins qui doivent, paraît-il, contredire la déposition terrible de M. Lasnier Nous verrons bien.

Les témoins partis, Jourde se tait, et la parole est au défenseur de Champy,

Me LACHAUD FILS.

Un très-joli petit homme, blond et menu, avec des mains de femme grêles et pâles qu'il montre, une chevelure soyeuse, qu'il pommade, frise, enroule, — de longs favoris qui tombent touffus et cependant mélancoliques, — une moustache cirée, retroussée, victorieuse. Rien de militaire toutefois, de provoquant. Il jouerait très-bien les Déjazet. Soigné, musqué, discret, — il doit toujours avoir sur lui des sels, des éventails, des pastilles, — et pas de cigares, Voix douce, mais claire, — une voix de mezzo-soprano qu'il conduit bien. Je jurerais qu'aux jeux innocents, M° Lachaud fils fait merveille. Très-longtemps on a dû l'appeler « bébé. » Maintenant on l'appellerait « bonbon ! » — que je n'en serais pas surpris.

M° Lachaud fils, en plus de sa coquette personne, a de l'esprit. Il défend Champy très-scrupuleusement. Il n'a plus ce petit aplomb, cette manie d'aller, de venir, de se camper, qui l'année dernière m'avait choqué. Il a dit les premiers mots de son exorde, étant très-pâle. Les mots venaient mal. J'ai cru un instant qu'il allait s'arrêter. Cela dura deux fois vingt secondes, — pas plus. Revenu tout de suite de ce premier émoi, le jeune défenseur a fait son devoir avec une ardeur facile et sérieuse, qui l'a très-bien servi. Il a eu des allusions, des mots tout à fait heureux. Il s'est beaucoup occupé de Champy, mais il a su dégager de sa cause les considérations générales qu'elle comportait. Il n'en a pas abusé, — des considérations générales, — n'a fait qu'y toucher doucement, rapidement. Sa péroraison était vraiment bien venue, et il l'a bien dite.

Mᵉ DUPONT DE BUSSAC

défend Régère.

C'est un vieillard tout blanc, chauve, qui porte des lunettes. Quelque chose de triste, de grognon, mais cependant de très-vivant.

Mᵉ Dupont de Bussac est irascible, impatient. Plusieurs fois, dans les débats, il a provoqué les interruptions du commissaire de la République et du président. Il a paru se résigner. On pensait : « Lorsqu'il se lèvera pour plaider, sa mauvaise humeur aura pris ses mesures, préparé ses plans — et fera des siennes. » On se trompait. Ni passion, ni ressentiment, ni colère. Mᵉ Dupont de Bussac le déclare : il dédaigne d'entretenir le conseil de la personne privée de son client, et de même il dédaigne d'évoquer les considérations politiques qui passionneraient les débats sans les éclairer. On l'écoute. Qu'est-ce à dire? ce n'est pas un orateur, un défenseur, qui parle, — c'est un jurisconsulte, un homme de loi qui va imposer au conseil, à tous, un cours de droit criminel. Les questions traitées sont les plus difficiles, les plus ardues : — la complicité, la connexité et la nature même des crimes, le droit de punir, la responsabilité des divers agents, etc.

Selon M° Dupont de Bussac, c'est de l'examen réfléchi de ces graves questions, que dépend la solution rationnelle et équitable du procès.

Il commence donc. Le débit est lent, mais clair. Le conseil semble très-attentif. Une fois — M. le commissaire du gouvernement intervient, interrompt. Tout doucement M° Dupont de Bussac dit qu'il entend ne pas être interrompu : « Vous me répondrez ! » M. Gaveau veut répondre tout de suite. Le président, comme M° Dupont — tout doucement — fait comprendre à M. le commissaire du gouvernement qu'il vaut mieux attendre. Il attendra, tout s'apaise. M° Dupont continue. Il pose des principes, établit des distinctions, déduit des conséquences, se lance dans des théories, cite, commente, compare. Nous sommes en pleine doctrine. C'est très-savant et ce n'est pas très-ennuyeux.

Mᵉ Dupont de Bussac n'est pas éloquent, mais il sait parler. Sa phrase est sèche, courte, serrée. Il évite la période, l'ornement. Il s'efforce de raisonner juste et surveille de près la chose qu'il veut dire. Toujours le même ton, qu'il s'attache à faire modéré, comme triste. Il ne s'indigne pas, ne s'émeut pas. Laissant à la logique seule le soin d'ordonner sa harangue, il oppose tranquillement l'impossible au possible, — l'absurde au sensé ; — Ne dit même pas : Voilà ! estimant que l'esprit de ceux qui l'écoutent a été suffisamment frappé de l'évidence même de sa démonstration, et librement, spontanément, acceptera la conclusion qu'elle lui impose. Cette parole froide, sévère ne manque pas d'une certaine force, et il s'en dégage je ne sais quoi de hautain et de calme, qui parfois même n'est pas sans grandeur. On l'écoute, on le suit sans émotion, mais avec l'attention qu'on prête aux choses de la pensée, de la réflexion et de la science.

La plaidoierie de Mᵉ Dupont de Bussac n'est pas une plaidoirie brillante, mais une bonne plaidoierie, robuste, solide, une des meilleures qui seront prononcées devant le conseil.

Mᵉ MARCHAND.

Un tout jeune homme, se lève après Mᵉ Dupont de Bussac. C'est le défenseur de Lullier.

Une bonne figure, honnête et vaillante ; un peu longue, avec un front fuyant, trop fuyant ; une fine barbe rousse.

Mᵉ Marchand est un peu intimidé ; mais, je l'ai dit, cela ne me choque pas, au contraire, D'ailleurs, je sais qu'il y a des timidités que Mᵉ Marchand ne connaît pas, et ce m'est une raison de plus de juger celles d'aujourd'hui sympathiques. Mᵉ Marchand qui, la paix signée, a repris la robe, l'avait quittée lors de la déclaration de guerre pour la capote d'artilleur. Il fut un des meilleurs, des plus adroits pointeurs du Mont-Valérien, qu'il occupa avec sa batterie pendant tout le siége.

Mᵉ Marchand ne parle pas politique, et défend Lullier simplement, comme son confrère Mᵉ Boyer a défendu Billioray. C'est la bonne manière.

Mᵉ Marchand est un peu long, — et cela ce n'est pas la bonne manière.

Versailles 28 août 1871.

L'audience s'ouvre par un essai de harangue tenté par Lullier. C'est toujours la même chose. Il est certain que ce malheureux et nerveux personnage n'a point sa tête. Il doit passer son temps à imaginer des situations furieuses, d'où il sortira vainqueur, flamboyant. Je le crois de très-bonne foi. Sa dernière vision, c'est le « balayage de la Commune. » Il revient sans cesse à cette image longtemps caressée. En quelques minutes, s'écrie-t-il, je « l'aurais balayée ! » Et à son geste, au son de sa voix, à la fierté bizarre de son regard, on perçoit qu'en effet il est convaincu qu'il « l'aurait balayée » cette poussière de Commune.

Oui ! Lullier, à cheval, au galop, sabre au poing, suivi d'escadrons poudreux, en grand uniforme, criant d'une voix de Stentor : « Trompettes, sonnez la charge ! En avant ! en avant ! » aurait fait cela. Et, plus tard, dans une fête sur la place de la Concorde, au Champ-de-Mars, Lullier, serein, — mais toujours botté, — eût écouté les acclamations de la plèbe, les fanfares, tout le bruit qu'aurait fait à ses pieds la République, la Patrie sauvée et reconnaissante.

Hélas ! les choses ont tourné plus mélancoliquement, mais je ne crois pas qu'il y ait de par le monde une déception assez cuisante, un réveil assez insolent, pour imposer à cet esprit inquiet, tourmenté sans paix ni trêve par le rêve et les chimères, le sens le plus vague de cette chose : la réalité.

Nous avons entendu, après Lullier, un grand nombre de témoins. Les premiers ont parlé d'Urbain. Ce ne sont pas des lettrés, mais de braves gens. Il s'agissait de savoir si oui ou non Urbain assistait comme membre de la Commune au massacre de quatre malheureux fusillés dans la cour des Tuileries, au cris de « Vive la Commune ! » Il fallait reconnaître Urbain. Le président disait au témoin : Regardez ? le reconnaissez-vous ? » Le témoin dévisageait les accusés, hésitait. C'était assez dramatique.

Les seconds, cités à la requête de Ferré, ont provoqué l'intervention de celui-ci, de M. Ducoudray défenseur, de M. le commissaire du gouvernement. Nous avons revu M. Lasnier, et avant lui, à côté de lui, d'autres personnes qui le contredisaient un peu. Parmi ceux-là, j'ai distingué un gros blond, pâlot et ahuri, court et flasque. Cela m'a fait plaisir. Ce témoin avait un long nez, des yeux qui lui sortaient de la tête, quelque chose de mélancolique, d'étonné qui lui donnait tout à fait l'air d'une bécassine, — vous savez la petite bécassine sourde, qu'on appelle sourde parce qu'elle est muette.

Il a parlé néanmoins, — pas facilement, — mais il a parlé. Dans son discours, le mot « escalier » revenait souvent. On doit, paraît-il, apporter le plan de cet escalier au conseil.

Ferré, nerveux et blême, a questionné, contredit. Je dois le reconnaître, il s'est un peu remonté. Il se remue, et ses mains maigres ne cessent de fouiller sa barbe, de la tirer, — de **tourmenter, de pincer les muscles fatigués de** son visage. La voix est plus sèche, plus hésitante qu'aux premières audiences. Parfois il ricane, et l'on revoit ses dents très-blanches, aiguës et fines. Cela n'est pas beau.

LE DÉFENSEUR DU DOCTEUR RASTOUL

est un avocat du barreau de Versailles qui n'est plus tout jeune, mais qui a conservé tout le feu de la vingtième année. Ce doit être un homme excellent, un peu naïf, — comme tous les hommes excellents. Il a fait un grand exorde très-politique, mais pas séditieux. Il nous a avoué qu'il était républicain, et tout de suite il s'est mis à dire les choses les plus dures aux républicains. M⁰ Renauld a sa république à lui : il l'a nommée par son nom : c'est la monarchie de juillet.

Cette petite proclamation faite, M⁰ Renauld a défendu le docteur Rastoul et parlant tumultueusement de cent mille choses où le docteur Rastoul n'a rien à voir. Sa plaidoirie ressemble à celles que l'on faisait en 1830. Il y a de tout dans cette plaidoirie. On sent que l'orateur a pensé : « C'est une occasion d'affirmer des principes, des idées, ne la manquons pas ! » Cette préoccupation, d'ailleurs, est purement philosophique, et le défenseur de Rastoul me surprendrait s'il se révélait ambitieux. Je le crois, au contraire, le plus modeste des défenseurs.

Mais on a le sentiment de sa dignité ; on se dit : « Grave mission, noble ministère, qui ne se peuvent décemment exercer sans quelque solennité, et que compromettent certainement les façons familières de quelques-uns, bonnes tout au plus pour l'échange des propos faciles, des choses qui se disent tous les jours dans les conversations mondaines, en famille, au coin du feu. » De là dans les procédés chers à M⁰ Renauld, quelque chose de guindé, de gourmé et de vieillot. C'est bizarre, — la parole de M⁰ Renauld est ardente, chaleureuse même, et cependant vieillotte.

M⁰ Renauld a foi dans sa cause, une foi imperturbable, mais en même temps une grande habitude de la barre. Il dit bien, scande très-bien, s'interrompt, fait au conseil des mines d'homme aguerri, abuse des silences. Le geste est banal, mais très-étudié; la voix forte, claire. On pense au prédicateur en tournée, et aussi au grand premier rôle de province.

Des qualités, certes, mais des qualités de troisième ou quatrième ordre, des qualités que le travail, la patience nous peuvent donner, mais qui ne découvrent rien de fort, d'original.

Me Renauld n'est pas bref. Il développe, insiste, use ses arguments jusqu'à la corde, n'a jamais fini. Il raisonne, sait mettre en relief les côtés faibles de l'accusation, et encore mieux en déduire les conséquences favorables à son client. De plus, à mesure qu'elle approche de la conclusion, sa plaidoirie se débarrasse, chemin faisant, des lourdes, des inutiles digressions où elle s'empêtrait d'abord. C'est bien de Rastoul qu'il s'agit, et vraiment Rastoul, qui n'a pas voulu choisir de défenseur, peut ne pas être trop mécontent de celui que M. le président lui a choisi. Il fait de son mieux — et ce mieux de Me Renauld n'est pas mauvais. Mais si bon qu'il soit, il ne saurait être éternel.

Mᵉ Renauld ne semble pas très-pénétré de cette vérité. Evidemment il aime passionnément son métier, et la joie qu'il éprouve à l'exercer doit être d'une essence tout à fait supérieure. Je parlais de conclusion tout à l'heure, j'avais tort, et je crois que le défenseur, lui, n'y pense guère. Fringant, vivant, il semble installé dans son œuvre plus que jamais, — et pour toujours. Il redoute le moment où il faudra s'asseoir, se taire, et il recule ce moment tant qu'il peut. Cela le mènera loin et nous aussi. Elle est étrange, cette plaidoirie, — elle recommence toujours.

A la minute même, Mᵉ Renauld déclare qu'il va revenir à l'*Internationale*. Il y revient, en effet, fait un bout de lecture — en anglais. Soyons juste : ce n'a pas été trop long. Mais à ce propos, Mᵉ Renauld croit devoir parler de MM. J. Favre et J. Simon qui ne sont pas en cause. Cette inconvenance inutile le rend très-heureux sans doute, car il l'a répétée deux, trois, quatre fois aujourd'hui.

Mᵉ Renauld ajoute « qu'il a fini ». Mais c'est pour rire. Il repart de plus belle.

La vérité avant tout : il est bien reparti, mais n'est pas allé loin. A l'heure où je parle, il est assis.

En somme bonne défense, et bonne plaidoirie, — pas trop bonne — la plaidoirie.

Il paraît qu'on entendra encore des témoins, cela a été demandé tout à l'heure. Ils parleront du plan de la mairie du XIe arrondissement, d'escalier, de sacs, d'ouvrières, de Ferré. On a entendu un avocat aujourd'hui, — pas deux — un. Ces débats sont comme Me Renauld, ils ne veulent pas finir.

Versailles, 29 août 1871.

Les témoins ne sont pas venus, ce matin; mais il est venu du monde, beaucoup de monde. De bonne heure la salle est presque pleine. Dans la tribune j'aperçois des femmes, — de belles dames en noir et en rose. Cette pauvre tribune n'a pas tous les jours cette chance. Je ne vous en ai pas encore parlé. Je crois que c'est par un sentiment discret de compassion. C'est une tribune sans gradins, une sorte de plancher qui se trouve au fond, au-dessus de la porte, à quinze mètres du sol. Jusqu'ici elle a été tout-à-fait délaissée. Elle est garnie de chaises, de maigres chaises, anguleuses, placées sur une seule rangée. Elle a un air piteux, sec, isolé ; de plus, je crois que ceux qui s'y hasardent n'entendent pas un mot de ce qui se dit à l'audience. De ceci, et de cela, sans doute, résulte l'abandon où fut laissé jusqu'ici ce petit échafaud.

L'audience s'ouvre régulièrement. La parole est donnée au défenseur de Paschal Grousset,

Mᵉ DE SAL,

un très-bel homme, mince, robuste cependant, avec quelque chose de déluré et de bourgeois, — qui marque sa personne comme son talent.

Car Mᵉ de Sal a du talent, — un talent moyen, que je n'apprécie pas plus qu'il ne convient, mais qui est. Mᵉ de Sal sait discuter, déduire, conclure. Il plaide bien et parle assez bien. Un bon avocat qui n'est pas un orateur. Attentif, scrupuleux et logique, son esprit évite les hauteurs, mais ne s'oublie pas non plus dans les bas-fonds de la banalité absolue.

Averti par M. le président qu'il serait mieux de ne point mêler la politique à ces débats déjà si alourdis, si surchargés, Mᵉ de Sal a débuté par un exorde très-juridique, et d'une bonne allure. Il a su établir qu'il ne saurait y avoir de confusion entre la complicité historique et la complicité légale. Je ne sais s'il a convaincu le conseil, mais le conseil l'a écouté, suivi avec beaucoup d'attention. Il n'a pas abusé des citations, des textes. La théorie pure a du moins ceci de bon, que si elle ennuie, elle ne passionne pas. Je ne veux pas dire que Mᵉ de Sal ait été ennuyeux, mais je puis affirmer qu'il n'a point été passionné, — en son commencement du moins. Plus tard, quand il a parlé de son client, il l'a fait avec une émotion qui, elle non plus, n'était point débordante, mais qui enfin était de l'émotion.

M⁰ de Sal a été bref.

Le défenseur de Verdure,

Mᵉ MANCHON

lui aussi, nous a promis d'être bref. Mᵉ Manchon est certainement sincère, mais c'est Mᵉ Manchon, et j'ai de la méfiance.

Depuis que Mᵉ Manchon m'a dit que j'étais vendu à la police, j'avoue que j'ai des scrupules et ne sais comment m'y prendre pour le juger. Si je le juge favorablement, j'aurai l'air d'un poltron. Si je le juge comme il le mérite, on dira que je me venge ; je n'aurai pas l'air plus brave et semblerai jouer un rôle plus malhonnête. C'est très-embarrassant.

L'impassibilité convient au vrai poëte,

a dit un jeune homme que je connais, qui n'est pas un grand penseur, mais fait de très-beaux vers. Ne me sentant pas poëte, je vais tâcher d'être impassible.

Mᵉ Manchon est un homme de haute taille,

plein d'illusions. Il n'est plus jeune, a passé la cinquantaine, est chauve, a des favoris roux, durs et courts, larges, qui grisonnent un peu, — une longue figure de ruminant, qui ne dit pas grand'chose. L'œil est bleu gris, très-ouvert, étonné, très-honnête, cependant comme finaud, par instants. Aucune distinction, l'aspect d'un cordonnier arrivé d'hier de Pont-l'Evêque, de Rouen, de Normandie, de ces côtés-là.

On se demande pourquoi M⁰ Manchon est si passionné? Il ne doit pas être nerveux et semble être heureux de vivre. Quand il ne plaide pas, M⁰ Manchon est un homme comme tout le monde; quand il plaide, M⁰ Manchon n'est plus un homme, c'est un souffle, un ouragan, qu'emportent je ne sais où, je ne sais quels petits démons. Il a beau tonner, gronder, il reste bourgeois, et ses colères, ses foudres, gardent un caractère mesquin et tatillon qui rappelle le boutiquier rageur, hargneux. Si M⁰ Manchon se croit éloquent, il se trompe. Si M⁰ Manchon ne se croit pas éloquent, il a **tort de faire comme s'il le croyait.**

Il a une grosse voix tapageuse, qu'il ne ménage jamais. Cette voix se livre tout entière, et tout de suite. A l'exorde comme à la péroraison, elle éclate, rugit de même. Pas de transition, pas de repos, un tonnerre continu, formidable, qui ne s'adoucit qu'à la fin, — lorsqu'il se tait.

En entendant ce bruit on souffre vraiment, et ce n'est pas une mince surprise que de voir celui qui le fait sourire, s'épanouir ni plus ni moins que si les sons les plus doux frappaient son oreille.

M⁰ Manchon n'est pas orateur; je doute qu'il soit musicien.

Aujourd'hui il a parlé de *théorie absurde*. Au mot absurde, M. Gaveau s'est fâché, a jugé la chose très-insolente, repris le mot tombé des lèvres de M⁰ Manchon, et le lui a très-prestement renvoyé. Sur quoi la défense s'est émue. MM⁰ˢ Dupont de Bussac et André Rousselle se sont levés, ont revendiqué je ne sais quoi, évoqué « le respect dû à la défense. » M. le président n'était pas content, et il a même, je crois, marqué son mécontentement à

M. le commissaire de la République, qui cette fois, en vérité, s'était peut-être montré un peu prompt, un peu ombrageux. Même après la voix de M⁰ Manchon, cet incident a fait quelque bruit.

Puis les bruits se sont tus, celui-là, et l'autre, — celui que faisait M⁰ Manchon, et

M⁰ LAVIOLETTE

s'est levé et à défendu Férat avec une énergie furieuse.

M⁰ Laviolette est un tout jeune homme, qui aurait besoin de beaucoup de conseils. Je lui en donnerai quelques-uns, et garderai les autres pour moi, redoutant de le décourager, et n'étant pas assez certain qu'il en profite. M⁰ Laviolette a de l'ardeur, trop d'ardeur. Il se jette dans sa plaidoirie, comme à la bataille, menaçant, terrible, ne dissimulant pas assez les projets farouches qu'il nourrit en son jeune sein. Il serait mieux d'être plus attentif, plus mesuré, et d'attendre le bon moment, pour frapper le grand coup. M⁰ Laviolette frappe le grand coup tout le temps, de sorte qu'au bout de quelques minutes, le conseil, l'auditoire ne distinguent plus ce grand coup des autres, — des petits, — de ceux qui ne sont que des heurts légers et doux.

De plus, M⁰ Laviolette ne devrait pas oublier que, même en plaidant, il est permis parfois d'être simple, familier; de ne pas dire : « Bonjour ou bonsoir » du ton d'un pontife qui officie ou d'un Dieu qui foudroie. Il y a temps pour tout.

Il faut aussi éviter de se lancer sans rime ni raison, et à tout bout de champ, dans les généralités, les banalités, les sentimentalités qui traînent partout, et particulièrement dans les petits livres que les séminaristes veulent bien écrire pour l'éducation de leurs jeunes concitoyens : « *Gustave ou le Cadeau d'un ami*; *les Petits Béarnais ou l'Espiègle puni* », etc.

Oui, mon jeune maître, il faut éviter cela, et d'autres choses encore. Vous le pouvez, puisque vous avez de l'esprit, beaucoup de tempérament, et le désir de réussir.

Après lui,

Mᵉ THIROUX

défenseur de Descamps, a fait une petite plaidoirie simple, brève, raisonnable, qui a plu à tout le monde.

Versailles, 30 août 1871.

La fraîcheur des derniers jours s'échauffe au souffle d'un vent lourd qui vient du sud-ouest. L'air qu'on respire à l'audience est humide et brûlant. La salle pourtant s'emplit assez vite. On doit entendre aujourd'hui Mᵉˢ Gatineau, Lachaud et Lechevallier. Ce sont trois hommes de talent, — dont l'un d'un très-grand talent. Ni celui-ci, ni celui-là, ni l'autre n'ont cependant la parole. Ce sont les témoins de Ferré qui sont appelés.

L'un d'eux a prouvé que, pour être Martin, on n'était pas le vrai Martin. « Je suis bien Martin, mais pas le vôtre. » Il s'est incliné, on l'a emmené, car ce Martin est un détenu. Le second Martin, de même est un détenu. Il viendra aujourd'hui ou demain. Avant lui, nous entendons le défenseur de Clément,

Mᵉ GATINEAU.

Ce n'est pas le premier venu que Mᵉ Gatineau, et de plus c'est un Français, — un vrai Français, — comme il y en a beaucoup, — ce qui n'est peut-être pas un grand bien. Mᵉ Gatineau rit volontiers des choses et des hommes ; mais soit pudeur, soit malice, Mᵉ Gatineau ne rit de Mᵉ Gatineau qu'en cachette. Toute l'infériorité de cet homme d'esprit vient de ce préjugé, ou de cette hypocrisie. Quand il parle de lui en public, il en parle gravement. Parler de Mᵉ Gatineau, — gravement ! chose étrange, — mais manifeste. Pourquoi étrange ? voici :

Depuis longtemps Mᵉ Gatineau, qui sait observer, a pris note de ceci : « l'humanité ne vaut pas cher ! » La remarque en soi n'avait rien qui révélât un esprit supérieur, mais comme elle était faite par un esprit tout jeune, elle pouvait bien ne point révéler un maître sot. A dire vrai, M° Gatineau, sans être un grand homme, n'est point une bête. Par malheur, c'est un malin, et c'est cela qui lui fait faire des bêtises.

Ayant toisé l'humanité à sa taille, M° Gatineau n'a pu manquer de se dire : « Ces braves gens-là sont stupides, et de plus j'ai de l'esprit. Je vais les mettre dedans en leur persuadant qu'ils sont très-gentils et spirituels. Ils le croiront, et croiront que je le crois. Cela leur fera plaisir, et ne me nuira pas ! » Soyons juste, une intelligence indépendante, tourmentée par les exigences d'une nature ambitieuse, doit forcément descendre à ces concessions qui confinent à la perfidie, — oh ! une petite perfidie honorable, bourgeoise, indispensable à ceux de nos concitoyens qui, s'imaginant n'être hommes que le jour où ils sont députés, ministres, se mêlent au gâchis politique.

Oui, soyons juste : il faut, pour briser sa carrière, de ses propres mains, soi-même, par scrupule, il faut, savez-vous, être né très-fier et singulièrement honnête. J'ai vu, pour ma part, très-peu de ces fiertés, de ces honnêtetés-là. La richesse, la liberté de ses actions, le goût des plaisirs élevés — les encouragent, — mais ne les créent pas. J'aime passionnément les orgueilleux et les délicats qui se tiennent à l'écart ; mais je me garde bien de haïr les turbulents, les ambitieux qui se jettent dans la mêlée malpropre des passions populaires, avec l'espoir d'y ramasser quelque « bout de galon » à leur usage. Je les hais d'autant moins que je ne répondrais pas que ma vertu ou mon dédain à moi ne fussent faits surtout de beaucoup de paresse.

Mais, en dépit de mon indulgence, je ne puis me défendre d'un mouvement de satisfaction, que je ne cherche pas d'ailleurs à dissimuler, lorsque je vois clair dans le jeu d'un habile de la trempe de M° Gatineau. Être dans une foule de nigauds et se dire : « Tout nigaud que je me sais, je ne le suis cependant pas assez pour ne point comprendre que ce gaillard-là se moque de nous ! » C'est très-charmant, savez-vous ? — et surtout si les voisins, vous poussant du coude, vous disent : « C'est vrai ! vous avez raison. Ce gaillard-là se moque de nous ! »

Que M⁰ Gatineau se moque un peu de nous, la chose me paraît simple et même juste, mais qu'il veuille nous faire croire qu'il ne se moque pas de lui, — cela me donne de la mauvaise humeur, et une grande envie de lui dire : « Cher maître ! avouez que vous aussi vous vous jugez petit, cocasse, pas beau, — *homme*, — pour tout dire. »

Mais je perdrais mon temps. M⁰ Gatineau, qui a son idée, son département, sa place à tenir, n'avouera jamais. Il faut le regretter, car ce Normand mâtiné de Bourguignon, ce causeur, ce beau diseur de propos salés, si franc du collier, si campé lorsqu'il découvre, sans grimaces, le fond de sa vivante nature, n'est plus, lorsqu'il *travaille* son affaire, qu'un personnage de pauvre race, qui fait penser à Mercadet, à Bilboquet, à d'autres qui valent plus ou moins, — je ne sais pas.

Sa plaidoirie d'aujourd'hui est dans cette note piteuse, pas fière. Il a dit beaucoup de choses très-austères, et cela lui donnait de fortes envies de rire. Sincères malgré lui, son geste cavalier, son regard fin, méfiant et gai, sa grande allure de sceptique goguenard, protestaient, semblaient dire : « Mais non! mais non! Vous savez bien que c'est pour rire! » Il a parlé politique, et, d'une main légère, insolente, a touché à des hommes, à des noms qui sont plus grands que lui, et qu'avec un peu d'attention et de goût, il aurait pu respecter (1). Sa cause

---

(1) M⁰ Gatineau, cédant aux exigences de sa foi démocratique, a cru devoir mander à sa barre un homme, M. Jules Favre, sur lequel s'étaient, ce me semble, déjà épuisées l'injustice, l'envie, la méchanceté d'un nombre considérable de gens. M⁰ Gatineau, qui aime à flatter la foule, l'a suivie, imitée, cette fois, avec une servilité parfaite. Il a ri comme elle rit, jugé comme elle juge. Il a été vraiment digne de son modèle; et si le modèle ne lui jette pas par le nez, un de ces jours, quelque menue récompense, le modèle sera fort ingrat. Nous rappelons à M⁰ Gatineau que l'ingratitude est une vertu politique.

Pour nous, qui n'aspirons pas à la vertu politi-

d'ailleurs était bonne et facile à plaider. C'est sans doute parce qu'il se croyait sûr de la gagner qu'il en a plaidé une autre...

J'ignore si les lauriers qu'ambitionne M⁰ Gatineau sont encore sur leurs tiges. Je puis du reste m'en assurer, y aller voir... Oh! soyez sans crainte, mon maître, je suis trop petit et pas assez humble pour vous les ravir.

---

que, nous avouerons qu'en ce point nous ne saurions nous ranger, sans écœurement, à l'avis de M⁰ Gatineau et de tout le monde. Nous ajoutons même que nous ne serions pas surpris si, dans l'avenir, nos descendants, meilleurs, plus dignes, ne regardaient pas comme un des signes les plus certains de la dépravation de notre triste époque, le débordement d'injures qui depuis un an accable l'un des plus nobles, des plus purs caractères qui puissent honorer leur pays, et même l'humanité.

J'ai sur M. Jules Favre, dont je ne connais absolument que les actions publiques, des idées très-particulières. Je crois bien que c'est tant mieux pour moi. J'ai fait mon possible néanmoins pour comprendre ce qui pouvait pousser mes contemporains à dénigrer avec tant d'acharnement ce que je respectais, moi, avec tant de simplicité. J'ai échoué. Tout en cherchant, j'ai fait quelques re-

Au tour du défenseur de Courbet.

Mᵉ LACHAUD.

Vous le connaissez, n'est-ce pas ?

Un orateur? certes. — Un grand orateur? non.

Mᵉ Lachaud a plaidé devant le conseil comme

---

marques, elles sont si peu à l'honneur de mon pays que je me garde bien de les produire.

Je me borne à dire qu'à mon gré, M. Jules Favre a l'irréparable malheur d'avoir vécu, avec une âme exquise, au milieu d'êtres qui ont perdu jusqu'à la notion lointaine d'un bon sentiment. Je ne crois pas seulement qu'il vaut mieux que les hommes de sa génération, j'affirme qu'il est d'une autre espèce. L'abime qui sépare la naïveté de la corruption, la bonté de la méchanceté, s'ouvre tout grand entre lui et eux. Si je découvrais un beau jour que je suis du côté où la calomnie relègue, isole M. Jules Favre, je déclare que j'en serais extraordinairement fier.

J'avais bien raison de dire que mon sentiment à cet égard était particulier. Les fureurs de la populace, les inepties des bourgeois, les hypocri-

il plaide devant le jury, avec ce tact, cette souplesse, cette fougue factice qui lui réussissent souvent.

Son art n'est pas un art très-élevé, mais il y est passé maître. L'idéal de Mᵉ Lachaud n'est pas compliqué et ne relève que secondairement des lois esthétiques. Ce que Mᵉ Lachaud poursuit, avant tout, c'est l'acquittement.

Pour atteindre ce but, qui est noble, mais pratique, tous les moyens lui sont bons. Sa manière rappelle celle de Scribe, et même de Dennery. Il marche au dénoûment rapidement, brutalement, et pour y arriver prend les chemins, non les plus fleuris, mais les plus connus, et partant les plus sûrs. Il a des goûts, des instincts de son public, une intelligence merveilleuse, et c'est de là que lui vient le meilleur de sa force. Il est vraiment fait pour le jury et le

---

sies des vicieux, les lâchetés des ingrats, les cruautés des farceurs ne l'ont pas modifié. Au contraire. L'ignoble besogne commencée par le voleur Millière et continuée par je ne sais qui, a même produit sur moi cet étrange effet d'exalter mon respect jusqu'à la vénération.

jury fait pour lui. Il l'aime, le comprend, le choie, son jury ! et celui-ci le lui rend. Le langage, les façons de l'un sont bien le langage, les façons qu'il faut parler, montrer à l'autre. Pas de philosophie, pas d'idées générales, pas d'efforts pour élever le débat. On prend la chose comme elle est, et bourgeoisement, simplement, on en fait ce qu'on peut. Des citoyens réunis pour juger si leurs semblables sont des coquins gênants, ne sont point des académiciens. A quoi bon leur imposer des émotions, des surprises, des joies, auxquelles ils n'ont pas coutume ? De même, ce ne sont point des écoliers. A quoi bon les instruire ?

Mᵉ Lachaud s'étant dit cela, fait sa besogne comme il l'entend. Il est familier, pathétique, facile. Sa plaidoirie est comme faite de lambeaux de conversations ; il s'interrompt, interroge du regard ses juges, semblent leur dire : « Vous savez cela depuis longtemps ! » puis, brusquement, il s'indigne, manifeste des étonnements, des stupéfactions, puis se radoucit, et d'une petite voix, avec un sourire : « Quand je vous le disais ! »

Un jury, un conseil de guerre se laisse facilement prendre par cette parole séduisante, vulgaire, vivante, souple, dramatique comme un fait divers. Il est certain qu'elle a une puissance, mais très-vite elle la perd, car très-vite elle laisse voir l'inspiration factice qui l'anime. Les procédés de M⁰ Lachaud sont très-habiles, mais peu variés. Une fois qu'on en a découvert un, on les connaît tous.

Comme M⁰ Gatineau, M⁰ Lachaud a fait beaucoup de politique. Il a eu tort. Je n'ai pas bien vu que cela fût utile à son client, et c'était certainement inutile à sa plaidoirie.

Mᵉ LECHEVALLIER

a défendu Parent avec un grand talent. Il a été grave, très-digne ; par moments s'est élevé à la véritable éloquence.

Je sais sa cause bonne, et j'espère qu'il la gagnera ; mais je suis certain qu'il ne pouvait pas mieux la défendre.

Versailles, 31 août 1871.

La salle est vide ; le soleil clair, l'air pesant.

Presque tous les avocats sont à la barre. Mes Lachaud, Gatineau, doivent être à la campagne.

Me Lechevallier est très-entouré. Il reçoit les félicitations de ses confrères, de ses amis, de tout le monde, avec de petites mines modestes, gracieuses. Vraiment ! il a très-bien plaidé Me Lechevalier, et de plus très-bien parlé. Me Lachaud, lui, a très-bien plaidé, mais non très-bien parlé. C'est un esprit ferme, attentif, que celui du défenseur de Parent. Il aime à savoir, à connaître ; un peu philosophe, tout à fait jurisconsulte, il sait donner à sa parole une allure fière, libre, qui n'est certes pas commune. La langue qu'il parle est sobre, faite de logique, de rigueur. Elle dédaigne les banalités, les redondances, rend les choses avec une simplicité mâle, qui provoque l'attention toujours, — et souvent même la réflexion.

On entend encore un témoin. C'est Jourde

qui lui pose des questions. Il y répond et s'en va. Le témoin parti, les réponses faites,

M. LE COMMANDANT GAVEAU

réplique. Il déclare qu'il espérait ne point répliquer. Je vous ai dit mon sentiment sur M. le commissaire du gouvernement : il n'a pas changé. C'est bien le même homme : droit, simple, qui s'étonne à la moindre contradiction, voit son devoir, — si délicat cependant, — avec une netteté presque scientifique. M. Gaveau n'a point parlé. Il a lu. Ce qu'il a lu me paraît raisonnable, mais c'est lu ! et je ne puis dire que c'est parfait. Pour cela, il faudrait que moi-même je pusse le lire. En écoutant, je n'ose m'aventurer ni d'un côté ni de l'autre. Je vous en ai dit les raisons, et n'y reviens pas.

M. le commissaire du gouvernement, lui non plus, n'est pas revenu sur son premier sentiment. Les débats n'ont point modifié la conviction où il est qu'il faut sévir sans faiblesse, sans pitié. Les juges pourront graduer les châtiments; — mais tous les accusés, sans exception, doivent être châtiés. Il demande un jugement implacable.

Mᵉ DUPONT DE BUSSAC

répond le premier. Il faut du droit, beaucoup de droit, et seulement du droit. Il s'attache à démontrer le caractère politique de tous les crimes relevés contre la Commune. L'article 91, d'autres articles, Faustin-Hélie, Rossi, sont cités, commentés, par ce juriste savant, tenace. Il réplique comme il a plaidé, avec une véritable autorité. Il parle peu de son client, s'en tient aux considérations générales.

On le juge un peu long. On a hâte d'en finir.

Il termine en parlant de Solon en de bons termes.

A la reprise de l'audience, on se fâche un peu. D'un côté, M. le capitaine Senard, qui représente M. le commissaire de la République, parle de pièces qui n'auraient pas été communiquées; de l'autre, les défenseurs parlent des mêmes pièces, et, à ce propos, font remarquer qu'ils ne sont pas contents. M⁰ Dupont de Bussac intervient pour dire qu'il se soucie fort peu de ces pièces, cause de ce bruit. Gardez-les, ne les gardez pas, M⁰ Dupont s'en moque. Le débat est ailleurs. Il n'est pas aimable, M* Dupont, mais je crois bien qu'il a raison.

M. LE CAPITAINE SENARD

qui, pour la première fois, a pris la parole, s'en est très-bien tiré. Il était un peu ému et très-pâle, mais il a dit ce qu'il voulait dire avec une facilité correcte et prompte qui a plu. Il accentue, souligne très-bien. Les observations présentées par M. Senard n'ont été ni un discours, ni une harangue, mais quelques mots bien jetés, biens venus, clairs et vivants. Il a très-bien répondu aux défenseurs, mais sans impatience, sans colère. Ce doit être un bon caractère, et je crois que c'est un homme qui sait parler. Il a parlé trop peu pour que j'en sois sûr. Je le regrette.

Me LÉON BIGOT

a reparu. En commençant, il a eu une heureuse inspiration en s'excusant d'avance des vivacités qui pourraient échapper à son zèle de défenseur. Il a fait la part des priviléges de la défense, de ceux de l'accusation, tenté un petit bout de prêche, — dans le bon sens, — celui de la concorde, de l'apaisement. Il a donné son avis sur « les sabres au côté » et « les toques sur l'oreille. » C'était assez gracieusement tourné.

Puis, Me Bigot a reparlé de l'*Internationale*, très-longuement, trop longuement ; mais en faisant de son mieux et — pour remplir son devoir. Il nous l'a dit, — du moins.

Me ANDRÉ ROUSSELLE

a recommencé sa plaidoirie de l'autre jour.

M. le président lui a dit trois, quatre fois : « C'est convenu, nous connaissons cela. » M⁰ Rousselle n'a rien voulu entendre. Je vous ai dit de M⁰ André Rousselle des choses désagréables. Dans ma pensée, j'ai été juste, cela me suffit. Ne voulant pas être dénaturé, je n'imiterai pas M⁰ Rousselle : je ne recommencerai pas.

A ce moment le public me donne même l'occasion d'être gracieux, sans cesser d'être juste. J'en suis tout joyeux. M⁰ Rousselle a dit je ne sais quoi, s'est un peu embrouillé. Le public a grogné, bruyamment grogné. Sur quoi M⁰ Rousselle, dans une phrase bien poussée, lui a fait comprendre l'inconvenance de ces murmures. M⁰ Rousselle avait raison ; et M. le président lui non plus n'a pas eu tort, lorsqu'il a déclaré qu'à la première marque d'improbation ou d'approbation il ferait immédiatement évacuer la salle.

Après M⁰ Rousselle, M⁰ Boyer s'est levé. Il n'a pas plaidé, mais a présenté quelques observations qui ont une apparence raisonnable. Cela a duré quatre minutes. A la bonne heure!

Mᵉ Carraby est plus éloquent, mais plus long. L'éloquence n'y changera rien. Ces répétition, ces redites sont fatigantes, mortellement ennuyeuses. J'ai bien envie de ne plus vous en dire un mot. Nous verrons demain.

On compte bien que demain tout sera fini. Les accusés parleront ; les juges délibéreront, et sur les quatre heures, il se pourrait que la chose fût faite.

───────

Versailles, 1ᵉʳ septembre 1874.

Je crains d'avoir été téméraire, en vous disant hier que le jugement pourrait bien être prononcé aujourd'hui. Ce matin je n'y crois guère. Le président a dit aux avocats, répété aux accusés : « Le conseil est éclairé; abrégez. » Les avocats, les accusés ont comme une méfiance de cette lumière et n'abrégent pas. Nous retombons dans des redites interminables. Je comprends cette insistance, je la respecte, mais je ne vois pas qu'elle soit indispensable à la défense, au salut des accusés. J'ai dit que Mᵉ Carraby avait été long. J'ai ajouté qu'il avait été éloquent. Tout compte fait, il a été plus éloquent que long. Sa réplique est jugée par beaucoup supérieure à sa plaidoirie, — laquelle était une bonne plaidoirie. D'où une réplique excellente? je n'y contredis pas.

RÉGÈRE

a présenté lui-même des observations émues. Nous connaissons Régère : je crains que ce soit une pauvre connaissance, — mais je n'insisterai pas. Le dénoûment approche. Dans quelques heures peut-être la justice aura prononcé. Quel que soit son verdict, nous voulons l'attendre en silence, gravement.

Régère était très-ému; ses mains tremblaient, et pendant qu'il parlait, nous voyions s'agiter les feuillets de papier qu'il tenait.

LULLIER

aussi a parlé. Pauvre garçon ! comme j'avais raison de vous dire qu'il m'était impossible de le croire de mauvaise foi. Il a parlé ! et comme toujours, avec une emphase naïve, formidable et désordonnée; il a affirmé sa grandeur d'âme, sa pureté, son courage, son abnégation. Solennel et nerveux tout ensemble, il a déclamé, s'est indigné. Comme il se levait, il a eu un grand geste, et désignant la pauvre horloge qu'on a accrochée au fond de la salle, il s'est écrié : « Je demande dix minutes pour me justifier. Dix minutes, vous entendez, messieurs ! » Or, comme la neuvième minute venait de choir dans l'éternité, M. le président fit remarquer à Lullier qu'il entretenait le conseil de ses aspirations bien plus que de son affaire ; — à quoi Lullier — sépulcral, impassible, montrant une seconde fois l'horloge répondit : « J'ai encore une minute. Je demande ma minute. Elle m'appartient. Je l'exige. » Et de plus belle, son éloquence de théâtre s'envola vers les régions nébuleuses où germent, s'épanouissent les orgueils enfantins, les hallucinations, toutes les pauvretés, où s'oublient, s'égarent, se perdent les imaginations effrénées, les esprits malades. Les dernières paroles de Lullier ont été dites avec une crânerie orgueilleuse, presque sereine, qui a ému quelques-uns : « Messieurs, voici ma tête ; soldats, vous me trouverez quand il faudra mourir ! »

La logique, même la plus fléchissante, n'a rien à voir à cette promesse inutile : mais elle sonne comme un coup de clairon, dit je ne sais quoi de fou, de vaillant, qui doit plaire aux femmes, aux enfants, aux personnes nerveuses.

Cette chose dite, Lullier sévère, mais ravi, s'est assis, la dixième minute ayant fait comme la neuvième.

*
* *

M. Ducoudray, le défenseur, — par occasion — de Verdure, a imité les avocats : il a plaidé une seconde fois. M. Ducoudray, qui n'est pas un avocat, se tire à mon gré très-convenablement de sa tâche. Il a provoqué de la part de M. le commissaire du gouvernement quelques impatiences que je juge peu justifiées. Il a répondu vivement, mais dignement.

Paschal Grousset lui aussi a été bref, et de même très-convenable.

A la reprise de l'audience, Mᵉ Laviolette a pris la parole. Quand, l'autre jour, je lui donnais pour la seconde fois des conseils que je crois bons, je n'avais, je l'avoue, qu'une foi relative en leur efficacité. Je me trompais. Mᵉ Laviolette s'est montré aujourd'hui sous un jour plus heureux. Je souhaite que ce soit sous son vrai jour. Il semblait dire au conseil : « Je sais parfaitement qu'avant-hier j'ai été absurde. J'en fais mes excuses au conseil, et m'efforcerai de lui démontrer que je puis ne point l'être toujours ! » Et de fait, il a parlé sensément, raisonnablement, — ce jeune homme.

Mᵉ Lachaud, lui, a évoqué la justice divine — pas longtemps. — Mᵉ Bigot...

Décidément, je ne ferai que des compliments.

La séance est levée à 3 heures 1/4.

Demain l'audience ouvre à 6 heures du matin.

Vers le milieu du jour, la société aura dit son fait, infligé à la Commune le châtiment ou l'absolution qu'elle mérite.

Nous écouterons la sentence du conseil, et nous vous la donnerons toute sèche, sans commentaires.

La justice aura parlé, et, dès lors, vous n'aurez plus que faire de mes petits avis.

VOICI LE VERDICT :

Ferré est condamné à *mort*, à l'unanimité.

Assi est condamné à la déportation dans une enceinte fortifiée, à l'unanimité.

Urbain, circonstances atténuantes, aux travaux forcés à perpétuité, à l'unanimité.

Billioray, à la déportation, enceinte fortifiée, à l'unanimité.

Jourde, circonstances atténuantes, à la déportation simple, à l'unanimité.

Trinquet, circonstances atténuantes, aux travaux forcés à perpétuité, à l'unanimité.

Champy, à la déportation, enceinte fortifiée, à l'unanimité.

Régère, circonstances atténuantes, à la déportation, enceinte fortifiée, à l'unanimité.

Lullier, est condamné à *mort*, à l'unanimité.

Rastoul, circonstances atténuantes, déporportation simple, à l'unanimité.

Paschal Grousset, déportation, enceinte fortifiée, à l'unanimité.

Verdure, déportation, enceinte fortifiée, à l'unanimité.

Férat, déportation, enceinte fortifiée, à l'unanimité.

Descamps, acquitté.

Victor Clément, circonstances atténuantes. 3 mois d'emprisonnement, à l'unanimité.

Courbet, six mois de prison, 500 francs d'amende, à l'unanimité.

Ulysse Parent, acquitté.

L'AFFAIRE DE BLOIS

LA HAUTE COUR

Blois, 18 juillet 1870.

La salle est encore belle, malgré les très-vilaines choses dont il a fallu l'encombrer.

En entrant, j'y remarque un nombre considérable de sergents de ville, tout frais débarqués de Paris : gants blancs, moustaches et bottes cirées. Ils sont d'ailleurs aussi polis que possible.

Les gradins réservés au public ne sont qu'à moitiés garnis. Beaucoup de dames, — et très-peu de jeunes dames.

Les avocats, tant irréconciliables que réconciliés et conciliants, font leur entrée — un à un — sans le moindre ensemble.

Celle de Mᵉ Arago — tout seul — est suffisamment majestueuse. Ah ! c'est une belle voix, mais c'est aussi un bel homme que Mᵉ Arago.

Mᵉ Laurier n'est pas là.

Mᵉ Gambetta n'est pas là.

Ah! voici Mᵉ Laurier! — non! — c'est Mᵉ Charles Quentin, qui a fait couper ses moustaches!

Ah! citoyen, quelle faiblesse!

Mᵉ Lachaud fils, lui, n'a pas fait couper les siennes. Et il a eu mille fois raison, car avec sa douce figure il aurait tout à fait l'air d'une fillette, s'il laissait tomber sous le ciseau ce que la Providence lui a mis sous le nez.

A onze heures, l'huissier annonce d'une voix grêle : La Haute Cour ! Et la Haute Cour descend gravement les degrés de l'escalier qui conduit de la salle de ses délibérations à la salle d'audience. Du rouge, des dentelles, de l'hermine, des cheveux blancs, des fronts soucieux; tout cela ne fait pas trop mal. Avec la ritournelle de l'*Africaine*, premier acte, ce serait parfait.

On s'installe, mais tout en s'installant on s'aperçoit que l'on va étouffer très-bien toute la journée. On s'aperçoit de plus qu'on n'entend rien.

Cette première impression semble trompeuse,

lorsque M. Arago se levant, déclare qu'il va déposer des conclusions. Lui, le chef de gare, qui est à la gare doit l'entendre syllabe par syllabe.

LE SURSIS.

Voici les conclusions :

Attendu que dans les circonstances où se trouve le pays, nul ne pourrait apporter dans les débats d'un procès politique la liberté d'esprit nécessaire à l'accomplissement de ses devoirs ;

Par ces motifs ;

Plaise à la cour ordonner qu'il sera sursi aux débats !...

C'est l'évidence même ! Or l'évidence ne se démontre pas, elle s'impose. M. Arago veut la démontrer, et il le fait dans un très-fier, très-digne langage.

« Depuis de longs mois, dit-il, nous attendions tous le jour de l'audience ; et, maintenant que ce jour est arrivé, notre devoir à tous, messieurs, c'est de nous demander si nous trouverons en nous-mêmes le calme, la tranquillité d'esprit indispensables pour juger un procès où sont engagées les passions les plus contraires. Alors qu'il faudra entendre la parole des accusateurs, des défenseurs, des témoins, c'est la voix du canon que nous entendrons!

» Parmi les jurés, il en est qui sont venus d'Alsace, de Lorraine, et c'est à ces Français, à ces citoyens que vous voulez demander l'attention scrupuleusement soutenue qu'il leur faut, pour accomplir leurs grands devoirs de juges!

» Pour moi, je le déclare, en ces solennelles circonstances, je ne me sens pas libre. »

M. le premier avocat général Dupré-Lassalle veut répondre et répond.

Selon lui, rien ne doit entraver l'œuvre de la loi. La loi a parlé, il faut agir, et il importe que la Prusse ne s'imagine pas qu'en lançant ses bataillons contre nous, elle a pu arrêter un seul instant le cours de la justice française.

Là-dessus, quelques personnes se mettent à

applaudir. Le diable m'emporte si je sais pourquoi.

M. le président Zangiacomi annonce qu'il va suspendre l'audience pour permettre aux défenseurs de s'entendre avec les accusés sur les conclusions posées par M⁰ Arago.

M. le président a une singulière physionomie : quelque chose d'aimable, de très-attentif et très-âpre à la fois ! Il parle du nez, scande bien, se fait entendre.

On n'est pas d'accord sur la solution de la question soumise à la Cour par M⁰ Arago. Tous ou presque tous se prononcent pour le sursis, et pensent que, puisque l'amnistie n'a pas été prononcée, ce serait la seule façon de sortir d'une situation impossible. On n'a pas fait le meilleur ; il faut se contenter de ce qui est le moins mauvais. On ne sait ce que décidera la Cour.

Elle rentre en séance, et déclare qu'elle n'admet pas la demande de sursis.

On procède à l'appel du nom de ceux des jurés qui veulent se faire excuser.

C'est M. Bergognié qui conclut à l'admission ou au rejet de l'excuse.

L'un de MM. les jurés, maire d'une commune d'Alsace, dit que son devoir l'y appelle. Sur quoi M. Bergognié, s'adressant à la Cour :

— Ce n'est pas le particulier, ce n'est pas le père, c'est le maire qui...

Et tout le monde de rire, et M. le subtitut de faire comme tout le monde, en corrigeant néanmoins maire par magistrat !

Je vous demande un peu !

Mᵉ ARAGO ET LES GENDARMES.

Cela n'a pas marché tout seul, la conférence avec les accusés.

Les défenseurs les ont trouvés dans des souterrains de la maison et tout à fait bien escortés : un gendarme pour chacun, et de plus, un capitaine pour tout le monde. Ce n'était pas très-facile de se faire des confidences ! Mᵉ Arago le comprend, saute sur un banc, et fait un speech pour engager les accusés à demander le sursis :

— Tous, magistrats, avocats, jurés, accusés

nous avons en ce moment les yeux fixés sur l'armée française !...

Un des prévenus l'interrompt :

— L'armée française ne doit pas servir l'Empereur !

Ce mot qui, à tous les points de vue, me semble très-inoffensif, ne fait pas le même effet au capitaine, — qui retire la parole à M. Emmanuel Arago, sans plus de façon que s'il envoyait un de ses hommes à la salle de police.

Les défenseurs se fâchent tout de bon, et Mᵉ Gatineau déclare que c'est par pure tolérance qu'on supporte la présence des gendarmes, et que s'ils ne se retirent pas immédiatement, une protestation énergique va être signifiée à la Haute Cour.

On en réfère au président, et, deux minutes après, les braves gendarmes laissaient mélancoliquement leurs places aux défenseurs.

Mᵉ Arago reprend son speech.

— Que ceux qui veulent le sursis passent à droite, que ceux qui ne le veulent point passent à gauche.

Tous, moins trois, passent à droite.

12.

LA RÉCUSATION. — L'ADRESSE A L'EMPEREUR.

Encore des conclusions.

Encore Mᵉ Gatineau.

Encore M. Bergognié.

Vous savez la chose : les conseillers généraux ont signé des adresses de félicitations à l'Empereur ; ce ne sont plus des juges, ce sont des adversaires.

M. Bergognié n'entend pas de cette oreille-là, ni Mᵉ Lachaud non plus, ni Mᵉ Demange non plus, ni Mᵉ Duminil non plus.

La Cour délibère.

Je crois que ce ne sera pas long.

Cela n'a pas été long.

Les conclusions sont repoussées.

Parbleu !

TROISIÈME SORTIE DE LA COUR.

La Cour sort de nouveau. Pourquoi ?

Parce que les accusés vont entrer ?

L'ENTRÉE DES ACCUSÉS

se fait sans encombre, mais avec une véritable armée de gendarmes. On ne voit que des gendarmes. Il semble qu'il n'y ait pas un accusé. Par-ci par-là, dans l'ombre de deux tricornes, on aperçoit un bout de mèche, un regard, quelque chose d'exigu et de vague qui remue : c'est un accusé, ou plutôt un soupçon d'accusé. Le reste — gendarme...

Ah! voici un homme cette fois. Il monte sur le banc, gesticule, montre qu'il veut parler. La Cour n'est pas là. On l'écoute.

C'était bien un accusé, mais un accusé joliment tenu : habit noir, cravate blanche, gilet découvert, c'est M. Fontaine (1).

Il trouve qu'il y a une profusion inutile de gendarmes !

Tout le monde est de son avis, mais on attend

---

(1) Membre de la Commune.

LA COUR

qui rentre.

Il est 3 heures, et le jury est composé !

Ouf !

M. le président prévient MM. les jurés que le sort n'a pas désignés qu'ils peuvent prendre place à côté de MM. les jurés siégeant.

Sur ce, MM. les jurés se dirigent vers la porte, avec un élan tout français.

Beaucoup d'assistants les envient sans les imiter.

L'ACCUSÉ VILLENEUVE

se lève ; il lit des conclusions. On a refusé d'entendre les témoins cités par lui. Il veut qu'ils soient cités.

C'est un petit homme nerveux, frémissant avec des lunettes ; il parle vite, trop vite, mange ses mots, paraît très-irrité, veut se contenir, se contient. Il agace évidemment M. le président, qui essaye de l'interrompre; ce n'est pas commode.

M⁰ Floquet dit quelques mots ; M. le président l'interpelle brusquement. Je crois que cela va se gâter. Tout se calme, et la parole est à M. le greffier pour lire l'acte d'accusation. Il le lit, et moi je n'hésite plus : je vais prendre l'air.

En somme, pâle, très-pâle audience ! M⁰ Arago l'a dit : Les cœurs sont ailleurs.

On craignait qu'il n'y eût pas assez de places ; il y en a trop.

Blois, 19 juillet.

Plus de soleil, plus de monde qu'hier. On étouffe un peu mieux, on entend un peu moins. Décidément on ne pouvait mieux choisir ! Blois est désigné désormais comme le seul lieu digne de recevoir les hauts jurés, les haute conseillers et tout ce qui constitue une haute cour. Ou il n'y aura plus au monde de haute cour, ou toutes les hautes cours siégeront à Blois.

Celui qui, alors qu'on hésitait encore, a le premier émis Blois, n'est pas un homme ordinaire. Je lui vote un remercîment, et je suis certain que la postérité ratifiera mon vote.

Je dois toutefois avouer qu'avant le jugement de la postérité, la généralité de ses contemporains l'envoie à tous les diables.

Faut-il dire l'accusé Mégy ou M. Mégy (1).

Ah! mais... Oh! mais... Voici la tempête. C'est Mᵉ Floquet qui parle. Il pose des conclusions tendant à obtenir la disjonction, et en désignant Mégy, il dit : Monsieur Mégy.

M. le président l'arrête. — Dites l'accusé Mégy.

— Non, réplique avec une fierté un peu solennelle Mᵉ Floquet; dans une autre enceinte on n'a pas dit : l'accusé Bonaparte !

---

(1) Un des tacticiens de la Commune.

— Bravo ! bravo ! hurlent les accusés.

— Nous dirons tous M. Mégy ! s'écrient quelques avocats.

— Assez ! assez ! répondent MM. les jurés.

On s'insulte, on se menace.

La voix de M. le président n'est plus entendue.

M. le procureur général se lève, et en quelques paroles brèves, sèches, hautaines, il requiert que la Cour frappe les avocats qui, par leurs violentes interruptions, ont manqué au respect dû à la justice. Il en a remarqué trois, qu'il ne connaît pas.

Ceux-ci se lèvent et se nomment. Ce sont MM^{es} Lechevallier, Sandricque et Peyrouton.

— Il faut qu'il y ait un châtiment, dit en s'asseyant M. le procureur général.

Et sur ce mot, des bravos, des vivats éclatent dans les rangs des sergents de ville, des témoins et du public.

Les accusés se lèvent, gesticulent, et voici le tapage qui recommence ! Un joli tapage où l'on ne distingue rien de très-clair.

Le public est enchanté ; mais tout cela est triste, profondément triste.

Au banc de la défense, on parle de récuser les jurés qui ont crié : Assez ! assez !

Dame, il y en a beaucoup ! Tant mieux ou tant pis ?

Il est évident que MM. les jurés ont eu tort de ne pas rester maîtres d'eux, mais qui donc est demeuré calme en ces rapides et frémissantes minutes ?

M° Floquet reprend le développement de ses conclusions. Il se monte trop, accentue trop et n'évite pas assez les intonations emphatiques, — ce qui d'ailleurs ne semble pas déplaire aux accusés, qui font de petits signes d'assentiment.

C'est M. le premier avocat général Dupré-Lassale qui réplique avec autant de solennité, mais une solennité plus endormie, sinon plus charmante.

M° DELATTRE

pose des conclusions tendant à ce que la Cour

donne acte des expansions intempestives du jury! Très-bel homme M. Delattre!

Mᵉ LECHEVALLIER

avec une grande énergie, une grande netteté, dit à M. le procureur général que, comme avocat, il avait cru devoir user envers un accusé des formules de politesse dont se servent ordinairement les gens bien élevés, qu'en cela il n'a fait qu'obéir à deux sentiments : celui de la solidarité professionnelle et celui du respect dû devant la justice aux accusés.

Très-bien dit, son petit speech !

La Cour s'en va délibérer, et pendant la suspension d'audience, les bavardages, les commentaires vont leur train.

Pourquoi dire M. Mégy? Pourquoi ne pas le dire? En somme, monsieur ou non, qu'importe, disent les uns. Et le prince? disent les autres.

Pour ma part, j'ai une petite conception pas méchante, et je pense : pauvres accusés.

Il est vrai que ceux-ci ne se trouvent pas à plaindre. Ils semblent très-ragaillardis par l'incident de tout à l'heure.

On félicite beaucoup Mᵉ Lechevallier; il est tout rouge d'émotion, il sourit, il s'incline.

Voyez ce que c'est! Ce pur a tout à fait la tête d'un satyre, mais d'un vrai satyre éveillé, enragé, pervers.

L'utilité des conclusions posées par Mᵉ Delattre n'est pas très-démontrée. Supposons que la Cour donne acte! Après? Il n'y a pas de pourvoi possible.

Il fallait demander le renvoi à une autre Cour, dit Mᵉ Laurier, et je crois que cela n'aurait pas été trop bête; — ce qui ne veut pas dire que cela aurait réussi.

On ne se calme pas. Les défenseurs déclarent qu'il est impossible d'accepter le débat dans les conditions faites par les manifestations des jurés.

Va-t-il se passer quelque chose?

Attendons.

Me Laurier, qui s'émeut difficilement, semble très-résolu.

A quoi ?

LA COUR RENTRE.

Voilà :
Elle refuse de donner acte.

Me LAURIER

se lève, et frémissant, blême, il déclare en martelant chacune de ses syllabes avec une âpreté stridente, que la Cour refusant de donner acte d'un fait matériel, évident, il n'a plus qu'un devoir à remplir, et il le remplit en désertant la barre.

Sur ce, une douzaine de confrères se lèvent et réitèrent la déclaration faite par Me Laurier, avec la même énergie.

Ils sont comme lui très-émus.

M. LE PRÉSIDENT

parle à son tour, et cette fois on l'entend. Dans la salle un silence complet.

— Retirez-vous, dit-il aux défenseurs ! nous nommerons des avocats d'office !

Mᵉ MANCHON

se jette dans la bagarre et s'y démène de son mieux.

Mᵉ LAURIER

recommence, interroge le président, fait des phrases qui sont d'assez jolies phrases, et finalement quitte la salle, suivi de MMᵉˢ Peyrouton, Sandricque, Quentin, Lax et d'autres. Sur quoi

LE CITOYEN FERRÉ ACCUSÉ (1)

face pâle, nez aquilin démesuré, cheveux bouclés, très-noirs, très-longs, — œil perçant, se dresse debout sur son banc et lance à la Cour avec force gestes saccadés et nerveux ces notes glapissantes :

— Je ne veux pas de votre justice. Je ne veux pas me défendre. Je ne le veux pas. Je défends aux gendarmes de m'amener ici demain. Je veux rester dans ma prison. Je suis républicain, socialiste, communiste! Vous avez la force, soit; mais quand je l'aurai, gare à vous!

Cela est à peine dit que voici

M. LE PROCUREUR GÉNÉRAL

qui, avec une placidité, un calme admirables,

---

(1) Faites flamber, etc.

requiert contre le citoyen Ferré, qui vient d'insulter la Cour.

LA COUR

s'en va, revient et ordonne que M. Ferré n'assistera plus aux débats. On l'emmène, il est radieux.

Mᵉ LACHAUD

demande qu'on accorde un quart d'heure aux accusés et aux avocats pour s'entendre sur la résolution à prendre.

LA COUR

repart ; et de quatre !

Les accusés, les avocats, — tous, y compris les dé-erteurs, rentrent dans la salle, sous le harnais, prêts à la lutte.

Que s'est-il donc passé ?

Une chose très-simple : les accusés — moins deux — veulent se défendre.

Eh bien, là, vrai, voilà beaucoup de bruit pour rien.

A qui la faute?

Les avis sont partagés.

A trois heures, les interrogatoires continuent.

CINQUIÈME ENTRÉE DE LA COUR

. . . .

Allons, la paix est faite! Pour un peu, on s'embrasserait, — mais...

M. ANDRÉ ROUSSELLE

pose encore des conclusions ! il ne veut pas que les sergents de ville prêtent serment. La Cour délibère très-vite sans sortir, ce qui fait que nous n'aurons pas notre sixième entrée. C'est dommage !

Si les sergents de ville seront entendus

comme témoins, je n'ai pas besoin de vous le dire !

LE PREMIER ACCUSÉ VERDIER.

Jeune encore, bien tenu, une physionomie fine, animée par un regard gris, parfois pénétrant, parfois vague. Les yeux un peu enfoncés, très-rapprochés du nez, qui est mince. Toute la barbe arrondie, châtain, comme les cheveux, qui retombent autour des tempes et laissent le front découvert.

S'exprime comme il peut, ni bien, ni mal, avec un accent méridional peu prononcé.

Dans toute sa personne, quelque chose de rusé, de triste et de timide.

L'aspect d'un délicat. Doit aimer les fleurs.

LE DEUXIÈME ACCUSÉ GUÉRIN.

Un vieux sergent, cheveux ras, col militaire, moustache rude, rasé de frais.

Je crois, tout le temps, qu'il va dire à M. le Président :

— Mon colonel !

Parle sur le même ton ; le geste régulier, monotone, celui d'un homme faisant l'exercice.

Énumère les complots où il a trempé avec l'accent satisfait d'un vieux troupier racontant ses batailles.

N'est pas très-clair, nasille, se répète, s'embrouille un peu.

LE TROISIÈME ACCUSÉ GODINOT.

Un gros homme, bon enfant.

Venait d'être nommé lieutenant de la garde mobile et était né pour être capitaine de la garde nationale.

Parle tranquillement, avec de petits sourires très-doux et un peu protecteurs.

Blois, 20 juillet.

Aujourd'hui, pas de conclusions !

Les débats ont tout l'air de prendre la tournure la plus pacifique du monde, et il semble que jusqu'aux plaidoiries on ne puisse guère compter y rencontrer rien de pareil aux incidents de l'audience d'hier.

Il y a néanmoins beaucoup de monde.

La dernière audience a attiré les Blaisois et les Blaisoises, et les gradins sont aujourd'hui à peu près garnis. Les dames sont en majorité. Elles ne sont pas bien jolies. Ce n'est pas poli du tout, ce que je vous dis là. Soyons juste : il y en a quelques-unes qui sont très-jeunes.

Me Lachaud est parti, Me Arago est parti, Me Laurier est parti, Me Gambetta n'est pas venu !

Qui donc protégera les jeunes défenseurs contre les entraînements de leur propre ardeur?

Me André Rousselle, sans doute, car il occupe modestement, au premier rang, la place qu'y occupait hier Me Lachaud.

Jeunes défenseurs, soyez en paix ! Ce n'est

peut-être pas bien le moment, au fait : l'un d'eux a annoncé à la Cour, au début de l'audience, qu'il recevait à l'instant un télégramme lui enjoignant d'avoir à rejoindre son bataillon dans le plus bref délai. Il a ajouté que plusieurs de ses confrères se trouvaient dans le même cas que lui, à quoi M. le président Zangiacomi a répondu : Qu'il convenait que ces messieurs remplissent en entier leur devoir devant la justice avant de le remplir devant l'ennemi.

Ainsi c'est entendu, jeunes maîtres, encore une quinzaine à la barre de la Haute Cour, et après aux frontières! Ce sera peut-être plus gênant, mais ce ne sera pas plus ennuyeux.

Les interrogatoires recommencent. Généralement ils sont sommaires. Comme on n'entend rien du tout, les accusés sont obligés de descendre des gradins où on les a perchés et de venir jusque dans le prétoire, tout près du jury, devant la Cour. Je ne m'en plains pas, je les vois mieux et il m'est plus facile de prendre leur tête au vol, comme je peux, et de vous l'envoyer pour ce qu'elle vaut.

FONTAINE (1).

Professeur de mathématiques, tourne cependant fort galamment la phrase et doit être très-aimable dans le monde. Grand, blond, du ventre, lunettes bleues en argent. Geste arrondi, mais sobre. L'air du savant mitigé par celui du médecin des dames.

Très-bien mis, comme beaucoup de ses coaccusés d'ailleurs. Se sert de temps en temps d'une magnifique jumelle écaille et or.

A des façons *bon enfant* de marquer son mépris à Guérin, le dénonciateur, qui semblent tout à fait celles d'un homme sûr de ce qu'il dit.

Raisonne bien, parle bien, se défend très-bien.

DUPONT (2)

Une tête mérovingienne superbe. De grands

---

(1) Membre de la Commune.
(2) Membre de la Commune.

yeux bleus ouverts, pleins de franchise et de fermeté.

Se tient debout, appuyé à un des piliers de la salle, dans une attitude tantôt fière, tantôt mélancolique.

Comme Fontaine, il ne perd pas un mot des interrogatoires, et prend la parole souvent. Sa voix, ordinairement métallique, est parfois douce et grave.

Il se campe très-bien, et me fait me souvenir de ces *beaux traîtres* de l'Ambigu qui lorsque j'avais dix ans me faisaient rêver des mois entiers.

Doit aimer beaucoup le théâtre.

Il se dégage de toute la personne de Dupont je ne sais quoi de gracieux et de cassant, d'attentif et de dédaigneux, qui captive, séduit.

Encore comme Fontaine, sait s'habiller et sait se défendre.

GROMIER (1)

rédacteur du *Rappel*. Un jeune homme de trente ans tout blond, tout grêle, a ou se fait une impassibilité glaciale. Répond la tête haute, les bras croisés, immobile, par de toutes petites phrases qu'il fait aussi respectueuses et aussi sèches que possible.

Ne veut se défendre que lorsque M. le procureur général aura parlé!

SAPPIA

un grand corps de couleuvre avec des pattes d'araignées. Gesticule, se tourne, se baisse, se renverse, envoie n'importe où ses deux bras, qui n'en finissent pas. Parle de la même façon qu'il se démène ; avec une rapidité vertigineuse. Accent italien très-prononcé, — et français très-possible.

---

(1) Fonctionnaire de la Commune.

Sur la fin de l'audience, le cas de M. Guérin, le révélateur, s'aggrave. Quatre ou cinq des plus humbles, des plus modestes accusés, répondent d'une telle sorte qu'il se pourrait bien que Guérin eût fait ce qu'on lui reproche : le métier d'agent provocateur. Les réponses, à mesure qu'elles se produisent, font une réelle impression sur l'auditoire, impression qui se traduit par de petits — « Ah ! ah ! » de petits — « Oh ! oh ! voyez-vous ! » — qui circulent, se répètent.

Blois, 21 juillet.

Aujourd'hui, je puis être aussi franc que je l'étais hier, mais je ne puis être aussi brutal. Les dames des gradins sont tout aussi jeunes, mais infiniment plus jolies.

Il n'y a du reste que les dames qui y aient mis du leur. Elles font très-bien les choses, et les accusés, la Cour, les défenseurs, les journalistes mêmes, s'ils n'ont pas perdu tout sentiment du beau, peuvent certainement trouver quelque soulagement à leur cruelle situation, dans la contemplation des fraîches et gracieuses personnes que la curiosité, le hasard ont amenées aujourd'hui à l'audience.

Comme il fait très-chaud, elles se sont très-légèrement vêtues, avec beaucoup d'intelligence. De ci, de là on aperçoit de très-beaux bras, de jolis cous très-blancs, et de grands yeux bleus, noirs, gris, tout grands ouverts, attentifs, inquiets : c'est très-charmant, je vous assure.

Ces dames suivent l'audience scrupuleusement, tout comme Fontaine qui n'en perd pas une note. Il se tient debout au dernier gradin, lorgne l'accusé interrogé, communique ses impressions à ses voisins — à Dupont notamment — et fait les objections les plus rationnelles, avec calme, avec élégance même.

DUPONT, lui, parle moins aujourd'hui. Il est toujours très-attentif, mais parle moins.

Il est immédiatement placé au-dessous de Fontaine, tout près du pilier, et sa jolie tête, fine et pâle, se détache sur le velours grenat avec un éclat brusque, net.

SAPPIA, naguère si bavard, lui non plus n'a encore rien dit.

M. LE PROCUREUR GÉNÉRAL GRAND-PERRET

ne l'a pas imité. De sa voix sèche, implacable — une voix qui sort d'un gosier de bois — il a demandé à la Cour de ne point laisser paraître à l'audience l'accusé Ferré qui en était si bruyamment sorti avant-hier, et pourtant qui désire y rentrer aujourd'hui.

M. le procureur général exigeait des excuses formelles, — ce qui a sans doute paru excessif à quelques personnes, car un léger, très-léger murmure s'est élevé, mais il a été réprimé aussitôt par ces paroles de M. le procureur général :

— Vous êtes bien hardis d'oser m'interrompre ici ! dites cette fois avec un grondement d'indignation formidable.

Oh ! c'est un homme que M. le procureur général ! Et s'il avait été inquisiteur ou membre du Comité de salut public, je crois que ses contemporains en auraient vu de grises !

En nos temps moins troublés, il accomplit sa tâche austère avec une rigidité, une conscience devant laquelle tous doivent s'incliner.

Je m'incline ; mais la manière de M. le procureur général me fait froid. Si j'osais, — en ces heures belliqueuses, — je dirais qu'elle me fait peur.

Mᵉ FLOQUET

lui aussi, vient de prendre la parole avec beaucoup de dignité, sinon beaucoup de clarté. Décidément trop solennel, Mᵉ Floquet ! Que diable, vous êtes jeune, surveillez donc cela, car c'est fort dommage. Vous avez la foi, l'indignation ; vous trouvez de temps en temps le mot juste : cela est quelque chose, cela est beaucoup, et si vous pouviez être simple, cela serait encore meilleur.

Mᵉ Floquet estime que les avocats jeunes ou vieux doivent se présenter devant le jury gravement, dignement, et, selon lui, M. le président ferait mieux de s'abstenir, dans l'intérêt de la justice, que de leur reprocher leur ardeur et leur jeunesse, qui ne sont peut-être pas inutiles à la défense du Droit et de la Liberté.

M. LE PRÉSIDENT ZANGIACOMI

se fâche un peu, dit à Mᵉ Floquet qu'il ne faut point pasionner le débat. Je crois que le débat va se passionner. Point. Tout se calme, et l'audience continue tranquillement.

Revenons à nos accusés — les chefs de file, — s'entend, — car si je voulais vous les donner tous, nous n'en finirions pas !

M. PÉTIAU.

Très-grand, très-fort, et cependant quelque chose de maladif. Brun, avec une figure pâle et bouffie. S'exprime bien, comme tout le monde, du reste.

LES FRÈRES VILLENEUVE.

Deux jeunes gens du monde.

J'ai parlé du premier. Le second ressemble au premier en plus doux. A déjà été condamné pour société secrète.

Très jeunes, ces deux messieurs.

M. CLAYES ET UN PARAPLUIE

également frères de par M° Duminil, qui veut que le parapluie de Clayes soit mandé à la barre de la Haute Cour.

M. le procureur général, faisant droit à la

requête de Mᵉ Duminil, l'a assuré que le parapluie de Clayes comparaîtrait.

Et il comparaîtra.

Mᵉ Duminil prétend que le parapluie et Clayes ne faisaient qu'un le jour de l'émeute. Or, dans sa pensée, on n'a jamais vu un conspirateur avec un parapluie : d'où le salut. Cela est simple. De plus, le parapluie est bleu. Nous en parlerons.

M. PELLERIN.

Un gentilhomme, un tout jeune gentilhomme : vingt ans. Tenue de bal : escarpins vernis avec une rosette de rubans de soie, gants gris perle. Semble souffrant. Se sert fréquemment d'un éventail. Un petit nez retroussé, des yeux à la chinoise très-éveillés.

Ne connaît la lettre R que fort peu, en tout cas n'en parle jamais, dit : *Pison, pussien, pocueu généal*, ce qui suggérait hier à un Blaisois cette remarque. « Que les Créoles n'avaient pas de bons airs. »

Faut-il que les hommes soient bêtes !

UN MOT DE Mᵉ ROUSSELLE

Ah ! un petit nuage à l'horizon !

Ce n'était qu'un point noir.

Il est parti.

Voici :

M. le président, s'adressant à Mᵉ Rousselle, lui dit :

— Je vois bien que vous ne savez pas ce qui se passe dans le cabinet du juge d'instruction.

— Je le sais trop.

— Comment ? répétez.

— *Silence.*

— *A très-haute voix :* J'ai dit : Je le sais trop.

— Vous outragez la justice. Monsieur le procureur général, vous avez la parole.

Nous allons donc entendre une fois encore la voix de M. Grandperret. Hélas non ! C'est celle de Mᵉ Rousselle ! il va s'enferrer.

Grâce au ciel, il ne s'enferre pas, et avec une

souplesse, une prudence qui m'étonnent un peu, il se tire d'affaire en faisant une petite tournée à travers la législation anglaise. Ce n'est pas bête du tout.

Compliments à M⁰ Rousselle !

Et voici

LE DÉFILÉ DES ACCUSÉS

qui recommence.

— Vous avez fait une barricade ?

— Je n'ai pas fait de barricade.

— Vous avez battu les sergents de ville ?

— Ce sont les sergents de ville qui m'ont battu.

On ne sort pas de là.

Oh ! mais si !

MÉGY

se lève. Encore une belle tête, celui-là : le front est haut, très-haut, l'œil bleu, terne, une expression générale de placidité et d'énergie.

Il est impossible de lire sur son visage le sentiment qu'il a de son action. En est-il fier? la regrette-t-il ? Je ne sais. Masque impassible, mais d'une impassibilité naturelle : il doit être toujours ainsi.

Il refuse absolument de répondre, et M. le président passe à l'interrogatoire de

BEAURY.

Enfin ! en voilà un qui n'est pas beau. Réalise le type du *Grand* qui, au collége, les lundis matins, raconte aux autres, ébahis et émus, des histoires de débauche. Fatigué et tout jeune : paraît 18 ans à peine.

On sait qu'il est malade. Il parle à voix basse, assez clairement, rien de trop. Le récit qu'il fait de ses relations avec Flourens est long. Je n'entends pas : il parle trop bas.

Les jurés sont de mon avis, ils n'entendent rien. Beaury déclare qu'il ne peut parler plus hau.

Cependant, je saisis au vol quelques-unes

de ses paroles : Il est très-touché des façons que M. François Hugo a eues avec lui : il lui a donné 20 fr., un paletot et lui a promis un article.

Il recherche les locutions aimables et familières, comme : charmant, douceur, bonne grâce. Il sourit un peu et paraît croire que les jurés l'écoutent avec plaisir. Il ouvre des parenthèses et y laisse tomber de petites réflexions, ainsi que cela se fait dans la conversation. Peu de gestes ; le même ton, le même calme. Par instants, il s'essuie le front avec son mouchoir.

Sa voix baisse de plus en plus ; cependant lorsqu'il dit aux jurés la chaste nuit qu'il a passée avec Mlle Aimée, il le fait d'une façon très-crâne, très-cavalière.

Il dit très-bien :

— Et je suis parti sans savoir seulement de quelle couleur étaient les yeux de la pauvre fille !

Son récit fait, l'audience est levée, et Beaury

regagne son banc — tranquille, plein d'aisance.

ET LE COMPLOT ?

Eh bien ! voilà trois jours qu'on en parle à Blois.

Tous les accusés conspirateurs ont-ils été entendus ? Pour moi, — je l'avoue, — je ne distingue pas encore très-bien.

Ah ! mais ne nous pressons pas : il reste encore les témoignages, les réquisitoires, les plaidoiries.

Citoyens n'en doutons pas, la grande lumière se fera.

Blois, 22 juillet.

Encore aujourd'hui, los aux Blaisoises !

Le soleil ne les effraye pas, et c'est merveille de voir avec quelle exactitude ces dames arrivent à l'audience ! Ce ne sont pas les mêmes qu'hier, mais nous n'avons rien perdu au change. Elles sont aussi gracieuses, aussi pimpantes, aussi charmantes. Vous voyez, j'y vais de tout mon cœur, ni plus ni moins qu'un vieux monsieur. C'est ma grossièreté de l'autre jour qui me tourmente, et je la répare de mon mieux. Vous me direz qu'entre la platitude, les fadeurs et la malhonnêteté il y a des nuances ; je m'en doute bien un peu, mais ces nuances-là, pour mon maladroit esprit, sont un peu comme le complot : je ne les distingue pas très-clairement.

L'audience d'hier a été levée avant que la déposition de Beaury fût achevée.

Il a continué aujourd'hui à dire ce qu'il avait à dire, toujours sur le même ton facile et dégagé. En l'interrogeant, M. le président a laissé tomber ce mot :

— Nous ne croyons pas qu'il existe en France un parti démocratique qui se serve de l'assassinat.

Tout à coup s'élève une voix claire et ferme au banc de la défense. C'est celle de Me Laferrière : C'est ce parti-là qui le premier a jeté bas l'échafaud politique !

— Qui ose parler quand j'interroge ? Le nom de celui-là ?

Me Laferrière se lève, et de la même voix :
— Il se nomme Me Laferrière, et répète à M. le président que c'est le parti démocratique qui a aboli la peine de mort en matière politique.

M. le président ébauche une petite semonce.

Et Me Laferrière, assis, très-pâle, l'écoute en silence, mais le front haut, comme il a coutume.

* *
*

Encore une autre petite escarmouche !

Me Lanne demande à poser une question.

Il l'a déjà fait tout à l'heure, et cela impatiente sans doute M. le président, que les longs débats fatiguent, car il prie un peu vivement Me Lanne de garder sa question pour plus tard :

— Modérez-vous ! vous ne me semblez pas

fait aux devoirs du barreau envers la magistrature.

— Je connais mes devoirs et je respecte la Cour.

— Soit, vous respectez la Cour, mais vous ne connaissez pas les formes dont il faut user avec elle. Comment vous nommez-vous ?

— Je connais mes devoirs. Je n'accepte pas les reproches de M. le président, et le *jeune avocat* qui a l'honneur de lui répondre se nomme : M⁰ Lanne.

— Allons! allons! pourquoi cet outrage?

Le mot de M⁰ Lanne était-il donc un outrage? Je ne le crois pas. Mais il semble qu'avec les meilleures intentions du monde, M. le président se montre peut-être un peu trop paternel avec ceux des membres du barreau qui n'ont pas encore atteint la soixantaine.

C'est le cas de M⁰ Lanne, qui peut bien compter une trentaine de printemps environ. Généralement à cet âge on ne vous donne de pensums que dans les circonstances tout à fait spéciales, et il ne m'apparaît pas que l'extrême turbulence de M⁰ Lanne ait pris des proportions telles qu'il ait fallu sévir.

Je crois même que ce qui paraît être le fond de sa nature ressemble bien plus à la rigueur, à la précision, à la netteté, qu'à l'impatience et au désordre.

Il a précisément une façon de poser les questions qui est la vraie, la bonne. Cela est clair, substantiel, rapide, — très-habile et très-simple à la fois.

De plus, la physionomie ouverte, sympathique, et des allures de gentilhomme.

Je l'attends à sa plaidoirie, qui, si j'en juge par le tact, la fermeté que M⁰ Lanne a montrés en intervenant aux débats, pourrait bien être une des meilleures de celles qui seront prononcées devant la Haute Cour.

Mais je crains bien qu'avant la plaidoirie de M⁰ Lanne, il ne faille subir un grand nombre d'audiences pareilles à celle-ci. Cela n'est vraiment pas encourageant ; les interrogatoires se suivent, se répètent, se ressemblent. Les accusés sont de plus en plus effacés. On les prendrait les uns pour les autres. Faisons une exception cependant :

BALLOT.

Un beau commandant de turcos : teint basané, presque noir, cheveux noirs, presque bleus, moustaches, impériale noires, de beaux yeux noirs avec un regard décidé, fixe. Attitude tout à fait militaire, énergique, grave et impassible. Frac noir, bottines vernies, un claque.

Doit aimer les assauts, les trompettes, la bagarre, les nuits au camp et le réveil sonné par la fusillade.

Dit pourtant à la Cour d'une douce voix : « Je n'aime plus la politique, je ne veux plus m'en occuper. Je suis marié, et bien heureux de l'être ! Je veux vivre tranquille. »

LES BOMBES.

A défaut de mieux, parlons des bombes. Ce sont des petites machines qui n'ont rien d'extraordinaire. C'est rond, cela ressemble à un gros galet plat. Il y en a qui ont des piquants, des clous qui sortent et font autour de la fonte une couronne dentelée, il y en a qui n'ont rien. Celles qui ont des piquants sont plus jolies que les autres.

J'en compte une dizaine. Chacune d'elles est entourée d'une ficelle, au bout de laquelle il y a une feuille de papier blanc avec un cachet rouge qui retombe.

Elles sont rangées bêtement sur l'estrade qui est devant la Cour, comme des pots de raisiné. Voilà !

Blois, 23 juillet.

Il paraît que les audiences de la Haute Cour pourraient bien être suspendues un de ces matins, de par rescrit de S. M. le Soleil. Il se permet en effet des choses telles qu'un médecin nous assurait hier que si cela continuait, il était certain, il était fatal que les honorables hauts jurés seraient obligés, bon gré mal gré, de déserter leurs bancs. La désertion a déjà commencé. Deux de ces messieurs sont partis hier. Pour la plupart, les hauts jurés n'ont plus l'âge heureux où les mauvaises plaisanteries de la température nous laissent indifférents et sereins.

Je ne veux pas dire qu'ils soient tous septuagénaires, mais ce ne sont plus des enfants. Cependant il y en a encore quelques-uns, par-ci par-là, auxquels M. le président, qui a sur l'âge des hommes des idées particulières, pourrait, sans exagération, dire : « Jeunes et honorables hauts jurés ! » Ceux-là, il faut le reconnaître, inquiètent peu le docteur. C'est sur la santé de leurs aînés, qu'il a des craintes sérieuses, très-fondées, à l'en croire. Il nous soumet à cet égard un petit calcul qui n'a rien de réjouissant.

Vous connaissez les savants : étant donnée une température sénégalienne, la salle des États de Blois, trente -six hauts jurés, il est établi scientifiquement que l'apoplexie, la congestion cérébrale et la colique en mettront huit au moins sur le carreau, avant cinq jours.

Ce n'est pas plus compliqué que cela !

Heureusement que le hasard, — né malin, — fait quelquefois des niches à la science. De tout notre cœur nous espérons que les niches du hasard laisseront sur leurs bancs, jusqu'au bout, sains et vaillants, MM. les hauts jurés.

L'interrogatoire des témoins a seulement commencé aujourd'hui.

C'est encore plus ennuyeux que le défilé des derniers accusés. Après un 1er sergent de ville, paraît un 2e sergent de ville, après lequel paraît un 3e sergent de ville. — Je ne sais pas si vous avez remarqué combien un sergent de ville ressemble à un autre sergent de ville, mais je vous déclare qu'une déposition de sergent de ville ressemble encore davantage à une déposition de sergent de ville.

Elles soulèvent d'ailleurs peu d'incidents. L'une d'elles cependant provoque plusieurs questions de

Mᵉ FRÉMONT

un jeune Dijonnais de Dijon, en Bourgogne. Très-crâne! très-campé, Mᵉ Frémont. Ressemble beaucoup — en mieux — à M. Théodore Barrière qui est très-bien. Comme lui brun, nerveux, vivant. Vingt-six ans à peu près; de la décision, de l'élégance. On le prendrait volontiers pour un lieutenant de hussards. Il porte la moustache et l'impériale, et je crois qu'on ne les lui couperait qu'à coups de sabre.

Il *s'emballe* — que voulez-vous — trop vite. Il aime la lutte, la recherche, et s'y comporte comme il doit. Trop pétulant néanmoins, et ferait bien de s'en méfier. Avouons-le : M. le président a été tout à fait gracieux avec les pétulances de M⁰ Frémont.

M⁰ Frémont avait dit en somme :

« Je vais dire son fait à M. le président, res-
» pectueusement, mais en pleine liberté! M. le
» président procède d'une singulière façon. »

Là-dessus, — moi pervers, — je me frotte les mains, espérant ma petite bagarre.

Eh bien! j'en ai été pour mes frais d'espérance. M. le président sourit d'un bon sourire français, indulgent, — laissez-moi le dire, — intelligent.

— Dites, M⁰ Frémont. Dites! je suis prêt à recevoir votre leçon, et je pourrai en profiter!

N'est-ce pas charmant? et ne serait-il pas mille fois meilleur pour tous que M. le président apportât dans la direction des débats cette douceur un peu ironique, un peu insolente, mais qui se dégage d'un esprit libre, dédaigneux des petites et imbéciles satisfactions que donnent aux natures vulgaires le sentiment et l'exercice de l'autorité.

Je me dépêche d'ajouter que l'observation de M⁰ Frémont était la plus légitime du monde.

Un mot sur

M. LE CONSEILLER ALMÉRAS LATOUR

l'un des jurés suppléants de la Haute-Cour. Cela me plaît de dire ce mot, parce qu'il m'est vraiment très-doux de rendre hommage aux qualités des gens que je ne connais pas.

Ou je me trompe fort, ou M. le conseiller Alméras Latour doit porter sur les choses humaines le jugement impartial, philosophique, triste, qui s'impose à ceux qui, les ayant vues de près, les observent de haut.

Ce n'est certainement pas le cas du magistrat qui, plus que tout autre, croit que sa *petite vie,* son *petit personnage,* son *petit ministère,* sont des choses très-considérables et tenant une grande place dans la marche du monde. On a dit qu'en France la fonction abrutissait. Enlevez le mot *France,* et cette vérité devient un axiome, — qui ne signifiera certes pas que le génie courbé sous la besogne du fonctionnaire se change en imbécillité, — mais simplement qu'il décroît.

C'est pour cela qu'il faut savoir un gré particulier à ceux qui résistent à cet envahissement de leurs facultés par les préoccupations que leur infligent leurs fonctions.

J'ai cru que M. Alméras Latour ne répugnait pas à cette tendance que j'estime être celle des esprits indépendants.

Au plus fort des plus chauds incidents, M. le conseiller Alméras Latour, placé tout près des défenseurs, m'a semblé attristé, peiné, tourmenté de la pensée qu'un conflit pût s'élever entre leurs ardentes mais légitimes prétentions et le rigoureux pouvoir discrétionnaire du président. Du geste, du regard il s'adressait à ceux-ci, voulait les calmer, les convaincre, les toucher, — il faisait cela d'une douce et sympathique façon. D'autres que moi l'ont remarqué, et je vous répète que je suis tout heureux de vous le dire.

M. LE DOCTEUR ROUXIN

a fait aujourd'hui une petite conférence très-intéressante sur les bombes. Il paraît que ce sont de vraies bombes, — ce dont d'ailleurs je m'étais douté.

Il faut remarquer que le complot et l'affaire des bombes sont deux choses qui ne sauraient être confondues. Le complot, jusqu'à présent, je l'avoue, me paraît un peu nuageux, mais je n'oserais affirmer que la fumée des bombes n'est que de la fumée. On nous en a donné un petit échantillon tout à l'heure, et j'ai vu du feu.

M. l'expert était très-rassuré. Je n'en dirais pas autant des assistants. Les dames se bouchaient les oreilles, fermaient les yeux, demandaient : « Quand ça allait partir! » Cela est parti, cela a fait : *pchi*... Avec un petit nuage bleu clair et une petite flamme rose.

C'est la première fois aujourd'hui que je vous parle des dames Blaisoises. Décidément elles se sont donné le mot pour prouver clair comme le jour, que le chroniqueur de *Paris Journal* n'est qu'un imbécile aussi bien qu'un aveugle. Aujourd'hui, elles sont simplement radieuses! Je m'arrête, sentant que le sujet est au-dessus de ma pauvre inspiration. Elles sont radieuses. Voilà tout.

Blois, 25 juillet.

En terminant, je vous ai dit samedi qu'il fallait distinguer le *complot* des *bombes*. Ce sont en effet deux affaires très-différentes. Dans la première, les éléments mêmes manquent, dans la seconde ils manquent moins. Il y a eu des bombes, cela est certain, et ces bombes devaient avoir été faites pour servir à quelque chose, — cela est probable. La matérialité, — passez-moi ce vilain mot, — (vous m'en passez bien d'autres!) existe ici, et elle suffira pour permettre aux organes du ministère public de baser leurs réquisitions sur des faits réels, sinon très-probants.

Car, ne vous y trompez pas, en reconnaissant qu'il y a en effet des bombes, je ne veux en aucune manière assurer qu'il y a de ce chef des coupables dans l'enceinte de la Haute-Cour. Les dispositions de samedi dernier seraient même de nature à me faire penser que ces coupables pourraient bien, en ce moment, être ailleurs. Le *Deus ex machina* de l'affaire Roussel a été arrêté, mais il a fait ce qu'un homme arrêté peut faire de mieux : il s'est sauvé. Il manque aujourd'hui à l'appel, et cela jette quelque obscurité sur l'ensemble des débats.

Les accusés, qui sont peut-être payés pour avoir de la méfiance, font remarquer à l'unanimité que ce n'est pas très-commode de prendre le parti intelligent auquel s'est arrêté Roussel. On leur réplique bien que Roussel y a mis beaucoup de malice, de souplesse et d'esprit ; ils ne paraissent qu'à demi convaincus. Peut-être même sont-ils convaincus de tout autre chose ? En toute sincérité, je ne sais, et j'ai besoin pour avoir sur ce point une idée tant soit peu nette, d'attendre. J'attendrai ; mais qui me dit qu'ayant attendu je serai plus éclairé ?

L'audience d'aujourd'hui ne m'a, du reste, rien appris de nouveau, et mon esprit demeure perplexe entre les suppositions qu'il a faites de lui-même et celles auxquelles l'invitent les paroles de M. l'expert Rouxin.

« Pour ma part, je n'aurais jamais pris ces morceaux de fonte pour des bombes ! »

Ces paroles sont graves, il faut les retirer. M. le procureur général Grandperret l'a compris, et il a prié M. Rouxin de les répéter en les développant.

M. Rouxin les a développées, mais il les a répétées.

LES BARRICADES

n'avaient décidément pas dit leur dernier mot devant la 6ᵉ, la 7ᵉ et la 8ᵉ chambre. Personne ne comprend la préférence accordée à ceux des accusés de la Haute Cour, qui ont été expédiés à Blois pour y répondre d'un délit exactement pareil à celui qui a été châtié tout bourgeoisement par le tribunal de police correctionnelle de Paris. Quoique incomprise, la pensée qui a dicté cette préférence n'est pas inexplicable. Il paraît que pour *l'harmonie* de l'affaire il était utile que les choses fussent ainsi. En dépit du caractère purement esthétique de cette considération, je crois qu'elle est respectable et je la respecte.

GROMIER,

est descendu aujourd'hui des hauteurs et est venu comme tout le monde écouter la déposition de deux témoins, dans le prétoire, au pied de la Cour. Il a écouté, mais il n'a pas répondu.

Il ne répondra décidément qu'après que M. le procureur général aura parlé.

Toujours la même attitude, Très-bien exécuté. Cela est d'une courtoisie parfaite, exquise, soutenue. Est-ce un vivant qui parle ainsi ? Vous me troublez !

M. Gromier, lorsqu'il dit à M. le président : « Je vous assure, monsieur, que je ne saurais actuellement répondre!... » a bien, si vous voulez, la roideur solennelle et implacable d'un spectre, mais je vous assure que, tout à la fois, il a l'intonation douce, caressante, respectueuse d'un gentleman, d'un petit maître. Gracieux et glacial. C'est bien curieux.

Avec cela, je vous l'ai dit, pâle, exigu, blond ferait très-bien dans un conte d'Hoffmann.

M. LE COMMISSAIRE DORVILLE

a reçu dans la figure la poudre qui a porté la balle de Mégy dans la tête de l'agent Mourot. Semble n'avoir point trop de rancune contre Mégy. Une bonne figure ordinaire : moustaches, barbiche ; — un peu major, — un peu bourgeois. Un vrai commissaire de police. Pressé de questions par Me Protot, il s'impatiente doucement, et paraît lui dire :

— Vous comprenez, mon ami, on ne peut pas répondre à tout. Allez-y voir ! demandez cela aux autres.

Il sourit, s'étonne, est *bonhomme*, mais doit être homme.

Pendant sa déposition,

LE CITOYEN MÉGY

est calme ; à mon gré, beaucoup trop calme. Il ne parle pas, prend des notes.

Blois, 26 juillet.

Un tout petit vent d'orage a passé ce matin sur Blois ; mais il n'a fait que passer. A-t-il laissé la pluie et le tonnerre derrière lui, ou les emporte-t-il plus loin ? Nous ne savons. Ce qu'il nous apporte n'est pas grand'chose, mais vaut mieux que rien : une petite fraîcheur hésitante, discrète, qui fait espérer plus qu'elle ne donne. Le soleil se cache un peu, pas trop, derrière de grands nuages légers, gris, qui s'en vont doucement du côté de Tours.

L'air de la salle d'audience est moins lourd, mais les choses qui s'y disent continuent à ressembler aux choses qui s'y sont dites.

Encore des témoins! encore des témoins à charge!

L'un d'eux provoque des interruptions, des réclamations et finalement une manière de petite harangue de la part d'un des accusés,

GRENIER

qui doit être un brave homme, et même un excellent homme, s'il faut le juger sur sa mine. Une face épanouie, naïve et douce, comme celle d'une bonne d'enfants qui aurait tout à fait la vocation.

Dans les débats il a très-bien fait sa partie, — la partie de l'ahurissement. Il semble qu'il ait une fonction dominante, exclusive : « *n'y rien comprendre.* » L'accusation, les témoins, les interrogatoires, les bombes, tout cela se dresse devant Grenier comme autant de choses mystérieuses, inconnues.

Il n'en revient pas, ne sait point d'où cela tombe, veut des explications, les écoute, les écoute encore, en demande d'autres, et finit par déclarer qu'il comprend de moins en moins. Il faut voir ses étonnements, ses stupéfactions, ses ébahissements! Il parle comme il sent, en homme qui va de surprises en surprises. Il affectionne le mot extraordinaire, en use et en abuse d'une façon qui est intéressante.

Grenier croit évidemment que « c'est pour rire, » et alors lui-même il rit et de bon cœur, de l'air de l'homme qui, sûr de son fait, ne voit pas pourquoi il ne s'amuserait avec tout le monde, — un petit quart d'heure.

Tout en riant, il dit :

— Vous conviendrez que pour de l'extraordinaire, voilà de l'extraordinaire! C'est des affaires où je ne comprends rien. Voilà, monsieur, qui me dit : Je vous reconnais. Eh ! bien, il ne m'a jamais vu. Moi, quand je reconnais le monde, c'est que je l'ai vu. Mais ici, ce n'est plus ça : on reconnaît le monde sans l'avoir vu. C'est bien plus gentil! Mais là, vrai, c'est un tour tout de même joliment extraordinaire! C'est comme hier, on était là à me dire : — Grenier par-ci, Grenier par-là. Et qui ? des personnes que je ne connais ni d'Eve, ni d'Adam ! C'est peut-être que ça les amuse, ces gens. Moi, vous comprenez, je n'aime pas à contrarier le monde, aussi je ne me fâche pas. Mais pour être extraordinaire, c'est extraordinaire. Oh ! oui !.., et avec ça, fameux !

Ce qui n'est pas très-ordinaire non plus, c'est l'usage que la femme de Roussel, l'accusée en fuite, a fait de l'argent qu'on lui avait remis pour payer ses frais de déplacement.

Mme ROUSSEL

s'est en effet déplacée, mais dans un sens qui n'était pas celui qu'avaient dû prévoir ceux qui l'avaient assignée. Mme Roussel n'a pas manqué de se dire : « Mon Dieu ! puisque ces messieurs ont la bonté de m'offrir un petit voyage, il est probable qu'il leur est égal que je le fasse plutôt par ici que par là. Blois, personnellement ne m'attire pas, allons ailleurs ! » Ce qu'elle a fait.

C'est un virement de fonds, a dit Me Gatineau.

Ah ! voici l'interrogatoire des témoins à charge suspendu !

Pourquoi donc ?

Parce que l'on va entendre un témoin à décharge venu de Paris tout exprès en une compagnie très-choisie. Ce témoin à décharge, d'après l'huissier, est simplement le sieur

ROCHEFORT.

Si les yeux s'ouvrent, si les oreilles se dressent, si le silence se fait, je n'ai pas besoin de vous le dire.

Au fond, derrière le banc des témoins, une petite porte, que jusque-là personne n'avait vue, grince timidement, s'ouvre. C'est lui. Non. C'est l'officier de paix Blavier, majestueux, plein d'égards. Derrière M. l'officier de paix, paraît immédiatement M. Henri Rochefort. Il est pâle, mais calme. Il répond de son mieux aux courtoises façons de M. Blavier, qui lui présentant une chaise, lui dit : « Monsieur Rochefort, voulez vous prendre la peine de vous asseoir quelques secondes? »

M. Rochefort s'assied. Je n'ai pas eu l'honneur de voir M. Rochefort depuis son arrestation. C'est toujours le même air, un peu étonné, un peu énergique, un peu indécis. Je voudrais pouvoir dire qu'il m'a semblé découvrir dans ce regard clair et mobile, une expression nouvelle d'ennui, de découragement; je ne le puis et je le regrette. M. Rochefort est bien vraiment encore le même homme, — j'entends l'homme qu'il est depuis que la persécution, l'ambition, l'élection, et la popularité l'ont façonné et pétri à leur guise.

S'il est arrivé à ce moment où ses amis lui ont prédit que sa délicate et nerveuse nature se lasserait de la vie violente, artificielle, surmenée, que lui imposent des circonstances qu'il subit et qu'il n'a pas faites ; s'il est arrivé à ce moment-là, dis-je, il faut reconnaître que rien en lui ne l'annonce, ne le trahit. Ce sera pour plus tard, je veux l'espérer du moins.

Et aussi je veux croire que quelques-uns de ceux qui, à l'audience, ont si sympathiquement accueilli M. Rochefort, l'espèrent comme moi. En passant près de la barre, où sont assis plusieurs de ses amis anciens et nouveaux, M. Rochefort semble plus ému. Me Arago lui serre la main; d'autres lui font de petits signes, de petits saluts très-affectueux. Cela est gracieux, un peu triste, pas trop triste.

Après la déposition de M. Rochefort, faite simplement,

M. LE PRÉSIDENT ZANGIACOMI

le prie de remarquer que ce qu'il vient de dire mérite, à coup sûr, d'être pris en considération par MM. les hauts jurés.

Cela n'est rien, et cela est tout à fait bien.

Ah! monsieur, le président si vous vouliez!

Blois, 28 juillet.

Décidément, les Blaisois, après avoir montré de la persistance, y mettent de l'acharnement. Jamais la salle n'a été si parfaitement pleine qu'aujourd'hui. Le Blaisois étant pacifique d'allures, je n'ose dire qu'on se bouscule, mais j'affirme qu'on s'entasse. Le plus frêle, le plus petit, le plus modeste ne trouverait pas une place.

Presque tous les témoins ont été entendus, et beaucoup d'entre eux, après avoir été écoutés, veulent écouter à leur tour.

M. DUPRÉ-LASSALLE

qui prend le premier la parole, — et quelle parole ! O mes chers concitoyens, quelle parole ! Cela est sage, cela est plein d'autorité, cela est grave, cela est tout ce que vous voudrez ; mais mon Dieu! que cela est ennuyeux et lourd, et ordinaire !

Mais, au fait, est-ce que nous sommes ici pour nous distraire ?

Ecoutons, et écoutons comme nous le devons, avec respect.

Ah! dame le respect y est bien, mais c'est l'oreille qui proteste!

Décidément on peut être à la fois un très-éminent magistrat et un très-déplorable orateur. M. l'avocat général fait en ce moment de cette vérité, la plus complète démonstration. Comme démonstration c'est parfait.

Quelle singulière idée vous a pris, monsieur l'avocat général, d'ouvrir le feu! Je suis bête, moi, ce n'est peut-être pas vous qui l'avez eue, cette idée ?

Alors, tout s'explique.

Certes, monsieur l'avocat général dit ce qu'il faut dire, ce qu'il doit dire, mais la forme! la forme! la forme !

Car, remarquez-le bien, c'est l'artiste que je juge en ce moment avec une liberté si respectueuse, et je continue comme c'est mon devoir à m'incliner devant le magistrat.

Je m'incline aussi devant son réquisitoire, mais de plus loin et avec d'autant plus de facilité que depuis hier il n'est pas prudent de regarder de trop près les choses de la Haute-Cour. On dit même que deux de nos confrères sont poursuivis comme coupables de compte-rendus infidèles. Je n'y veux pas croire, et deux jurisconsultes de mes amis m'assuraient à l'instant qu'ils n'y peuvent *juridiquement* rien comprendre.

M. l'avocat général va toujours, mais il ne va pas mieux. Il s'indigne souvent, mais ne sait pas s'indigner : son indignation dort d'un gros sommeil pesant et bourgeois, et c'est le diable de la réveiller ! — Que dis-je, — souvent ? — il s'indigne toujours.

Après tout, il faut être juste, c'est peut-être très-difficile de faire un réquisitoire devant la Haute Cour !

Blois, 20 juillet.

Autant de monde qu'hier. La dernière audience n'avait pourtant rien eu de très-encourageant. On avait beaucoup compté sur les réquisitoires, et je vous ai dit ce qu'ils avaient donné, en leurs commencements du moins. Ce n'était ni vivant, ni vaillant, ni divertissant. Mais encore était-ce quelque chose de meilleur, et la gravité du sujet avait-elle communiqué, à défaut d'agréments plus légers, quelque grandeur, quelque solennité à l'inspiration des orateurs du ministère public? Oui et non. Cela était peut-être bien un peu solennel, cela affectait peut-être de ci de là des dimensions non communes; mais que voulez-vous? Tout en occupant beaucoup de place, cela restait plat, et tout en s'essayant à la majesté, cela restait vulgaire.

Et pourtant M. Dupré-Lassalle, qui le premier a pris la parole, n'est certainement pas un homme sans valeur. Comme jurisconsulte, il a fait ses preuves, — preuves assez éclatantes. Il est consciencieux, étudie ses affaires, y voit le fort, y distingue le faible, sait rattacher l'un et l'autre aux principes du droit qu'il connaît, s'élève parfois à des considérations juridiques assez hautes, travaille beaucoup chez lui en son cabinet, et à l'audience conclut dans un langage sans couleur, sans vie, mais qui se fait écouter parce que sa substance est saine et solide. Tout cela est bien quelque chose, mais tout cela ne crée pas l'orateur, et devant la Haute Cour, la plus petite inspiration aurait bien mieux fait notre affaire.

Le droit, la procédure n'ont rien à voir ici. Les passions politiques enflamment et dirigent le débat. La république personnifiée par ses soldats irréguliers, fous, indisciplinés, se dresse devant vous, elle vous a menacés, attaqués, dites-vous ; c'est bien, nous vous le concédons. Alors défendez-vous avec votre foi à vous, avec la force que vous donne le sentiment de la légitimité de votre pouvoir. Soyez donc émus, puisque vous proclamez qu'il s'agit du salut de la société, et si vous ne l'êtes pas, tâchez au moins de le paraître.

Je ne sais pas et ne puis savoir quelle émotion a eu votre cœur, mais je sais à ne pas en douter, qu'elle ne se révèle ni par un souffle, ni par un frémissement, ni par un cri. Vous raisonnez juste, vous voyez clair, je le veux bien ; au fond vous êtes indigné, j'en suis sûr ; mais votre harangue se traîne si bien dans les banalités, que je l'écoute avec l'attention que l'on prête à la lecture d'un procès-verbal ou d'un acte de vente. Je vous accorde que si elle est aussi claire, elle est aussi vivante.

Ces remarques que je fais aujourd'hui, j'aurais aussi bien pu les faire hier, par cette raison que c'est encore M. le premier avocat général Dupré-Lassalle qui requiert. La nuit ne l'a pas conseillé du tout. Il est ce qu'il était et demeurera ce qu'il est : monotone, endormi.

Je ne saurais trop dire que c'est l'artiste, l'artiste seul que je juge, et j'ai d'autant plus de raison de le répéter que, faut-il l'avouer ? le magistrat me fait l'effet de soutenir l'accusation plus habilement que je ne m'y attendais. Oui, c'est terne, morne, mais ce n'est pas absurde,

Ce réquisitoire me semblait, au point de vue de son efficacité, très-difficile à composer, et je croyais presque, — quant au complot, — que l'accusation serait en partie abandonnée. Je me trompais, et la façon dont M. l'avocat général classe les faits, les interprète, les tourmente, si elle ne me convainc pas, ne me choque pas non plus. Je reste avec mon sentiment, mais j'admets sans trop de répugnance qu'on puisse en avoir un autre. Les accusés, eux, sont plus révoltés; il est vrai qu'ils ont les meilleures raisons du monde pour ne pas apporter à cette audience la tolérance du spectateur.

Je ne perds pas de vue M. l'avocat général, qui à ce moment exécute une charge à fond de train contre les faiseurs de barricades. Il représente même l'un d'eux, blotti dans une tonne, vous savez quelle tonne, une singulière tonne ! Il faut décidément avoir une foi politique bien conduite pour aller s'installer dans des choses pareilles. C'est qu'il y est resté longtemps, le malheureux !

Décidément, M. l'avocat général ne se doutera jamais qu'il existe au monde une chose qui s'appelle : l'art oratoire. Le geste, comme élégance, comme grâce, ne le cède en rien à la parole. Il est très-fréquent, pesant, peu varié. La main droite généralement se dérobe dans les profondeurs de la poche, tandis que la gauche, à la hauteur de l'oreille, s'agite nerveusement, comme si elle voulait chasser une mouche ou bien l'attraper.

Parfois la main gauche prend la place de la main droite, et réciproquement; parfois aussi les deux bras se lèvent ensemble parallèlement, presque tout droit, puis ils s'abaissent assez vite, et les deux mains s'ouvrent brusquement. Ce geste est tout à fait celui d'un homme qui, se débarrassant d'un fort paquet, le jetterait à terre en disant : Voilà! Ce n'est pas non plus bien joli.

Il est quatre heures. Hier l'avocat général a parlé trois heures, aujourd'hui cinq, et il n'a pas fini. Rendons-lui cette justice que s'il est trop long, ce n'est pas exclusivement de sa faute : l'affaire est vraiment touffue, compliquée, et l'on ne pouvait guère la traiter plus rapidement. C'est très-complet : le complot proprement dit, — l'attentat contre la vie de l'Empereur, — l'affaire de Beaury, l'affaire de Mégy, les barricades et enfin les bombes.

Ce que je vous avais annoncé hier comme possible, est très-réel. La *Cloche* et la *Marseillaise* sont citées directement devant la Haute Cour pour délit de comptes-rendus infidèles et injurieux. Encore un de ces délits qui commencent on ne sait où, et qui finissent généralement par une condamnation qui a ceci pour elle, que si elle frappe quelqu'un, elle n'éclaire et n'instruit personne.

Compte-rendu infidèle ! mais en exceptant les comptes-rendus sténographiques officiels, est-ce que tous les comptes-rendus ne sont pas plus ou moins infidèles ?

— Oui, me direz-vous, mais cela dépend du sens dans lequel l'erreur ou l'infidélité aura été commise ?

— Si c'est une infidélité agréable, il est clair..!

— Je vous entends. Mais agréable à qui ?

— A qui ?... Vous êtes indiscret.

— Je m'en doutais.

Pour l'injure, c'est un peu moins obscur, sans être très clair.

Toutefois ne désespérons pas. Jamais de si petites choses n'ont été examinées par une Haute Cour.

Et cette fois peut-être la lumière jaillira et éclairera nos pauvres esprits.

En attendant cette lueur bienfaisante, il nous faut entendre le réquisitoire, qui dure toujours.

M. l'avocat général se résume pourtant. Pas mal le résumé de M. l'avocat général, et certainement la partie la meilleure de son œuvre. Toujours solennel, mais clair, énergique. — Allons, disons le mot : Il y a quelque chose. Comme j'ai le fond bienveillant, je suis heureux de finir sur ce mot-là.

Blois, 30 juillet.

Les plaidoiries ont commencé. Le public, qui ces deux derniers jours remplissait la salle, est encore plus nombreux aujourd'hui. Là où deux personnes seraient très-gênées, on en compte trois, quatre. Et pourtant pas une plainte, pas une désertion, chacun reste à son poste, écrasé mais silencieux, suant mais attentif.

C'est très-beau, et je veux croire que ceux de nos concitoyens qui viennent ainsi sous le soleil, dans la poussière, entendre la voix des grands, des ni grands ni petits, des petits, des tout petits orateurs que le choix des accusés, celui du président, le hasard ont amenés à Blois, sont des âmes fermes et civiques, sur l'ardeur et la patience desquelles la patrie peut compter. Il y a, comme toujours, beaucoup de femmes, et elles continuent à être d'un charme, d'une grâce, d'une élégance auxquels ma lourde plume ne saurait toucher, vous le savez, sans insolence et sans maladresse.

J'ai remarqué les plus gracieux minois de

jeunes filles, et je n'en ai pas vu une seule — même hier — dormir. Je serais heureux de rendre hommage au sentiment qui les a tenues ainsi éveillées, mais je crois qu'il relève plutôt du désir de ne pas fermer leurs beaux yeux, que du désir de ne pas perdre une seule des graves paroles qui ont retenti jusqu'ici dans l'enceinte de la Haute-Cour.

Pour ma part, le sentiment qui me domine est celui d'une forte perplexité, je le confesse humblement. Je ne sais en vérité ce que je dois et puis vous dire. Vous transcrire les plaidoiries telles qu'elles sont dites, ce serait vous ennuyer beaucoup et vous répéter une cinquantaine de fois la même chose sur un ton qui, lui non plus, ne varierait pas extrêmement.

A défaut de plaidoiries, je pourrais bien vous parler des avocats, mais c'est déjà fait en partie, et à cette même place, avant les débats, j'ai consacré à ces messieurs quelques petites lignes qui ne disaient pas grand'chose, mais cependant tout ce que je savais. Il reste, j'en conviens, un bon nombre d'entre eux qui n'ont pas eu à subir les indiscrétions de mon bavardage. Mais, faut-il l'avouer, je crois qu'il est mieux qu'ils ne les subissent pas plus aujourd'hui qu'alors.

J'ai cru pouvoir quelquefois rire un peu, en votre compagnie, de celui-ci ou de celui-là, et je l'ai fait sans appréhension et sans regret, parce que je m'adressais à des hommes qui à des degrés différents avaient déjà pris leur place dans la vie publique. Tous les avocats que j'ai choisis, plus ou moins étaient connus. Ils avaient une sorte de notoriété. Il n'en est plus de même; sur les cinquante défenseurs de la Haute Cour, il y en a une bonne moitié qui sont de tout jeunes hommes et quelques-uns qui vont prendre la parole pour la première fois.

Me faut-il donner à chacun de ceux-là une ligne d'encouragement, louer l'émotion, le tact, la mesure, la chaleur du jeune défenseur, lui prédire un grand avenir? Ce serait très-chrétien, mais ce serait absolument fastidieux. Me faut-il, au contraire, me résignant à dire la rigoureuse, la vraie vérité, blâmer ceux qui méritent d'être blâmés et louer les autres? Evidemment, ici comme ailleurs, le talent est rare, et en faisant ainsi, il est probable que j'aurais beaucoup plus de critiques à formuler que d'hommages à rendre.

Ce serait juste, d'accord, mais ce ne serait pas charitable, et à franchement parler, je ne me sens pas l'envie de décourager, même par la plus inoffensive plaisanterie, les jeunes hommes qui viennent ici avec toute l'énergie de leur conscience accomplir un devoir et un grand devoir. Je sais bien qu'ils auraient tort de se tourmenter de ce que peut penser un aussi mince personnage que votre serviteur ; mais il peut se rencontrer parmi eux de ces natures faibles, faciles à l'effroi, impressionnables, qu'un rien déconcerte et effare, de ces hommes naïfs, qui se font sur l'importance de la *chose imprimée* les illusions les plus folles.

C'est pour cela que je tiens à m'abstenir. Si par aventure un grand talent se révèle, je le dirai avec joie. Si une autre fois, — chez les jeunes s'entend, — l'inspiration manque, je le tairai. Cette résolution, que je crois bonne, rendra ma petite besogne moins aisée et je devrai la borner à noter par-ci par-là des riens, qui, tout riens qu'ils sont, seront rares. On ne peut guère compter sur un incident, et je crois que les débats vont s'acheminer tout tranquillement à leur dénoûment comme les premiers débats venus. A défaut d'autres indices,

LA PLAIDOIERIE DE Mᵉ ARAGO

me le ferait croire. Comme toujours, un peu solennelle, un peu pompeuse, cette plaidoierie! Elle a assez largement ouvert le débat. En défendant Dupont, Mᵉ Arago a su s'élever aux considérations générales qui dominent le procès, avec une réelle habileté, sans passion, sans trop d'emphase, en ne perdant pas un instant de vue son client, son affaire. Il n'a pas été interrompu une seule fois, a dit tout ce qu'il a voulu, tout ce qu'il fallait dire.

Il a marqué avec beaucoup de netteté, et dans un fier langage, l'abîme qui sépare les aspirations politiques les plus turbulentes, les plus hardies, des machinations, des menées des conspirateurs.

Ses dernières paroles prononcées avec un accent convaincu, grave, m'ont semblé faire impression sur le jury, sur l'auditoire.

Après lui,

Mᵉ BONNIER-ORTOLAN

est venu défendre Godinot.

Décidément les beaux hommes pullulent dans cette affaire! Il y en a partout : sur les bancs des accusés, sur ceux du ministère public et de la défense!

Mᵉ Bonnier-Ortolan, lui, est un des plus gracieux, des plus coquets, des plus charmants cavaliers qui se puissent imaginer. En cette belle salle des Etats, je me le représente volontiers sous le pourpoint de soie de Saint-Mégrin, et si je vais à Chenonceaux, je le verrai certainement descendre le grand escalier, amoureux et sombre vêtu de brun, comme le huguenot Raoul de Nangis.

Si j'étais né demoiselle, je crois que j'aurais eu les mœurs les plus faciles, et dans cette pensée, je demeure convaincu que je me serais laissé aller, à l'égard de M. Bonnier-Ortolan, à des démonstrations de sympathie aussi peu équivoques que compromettantes.

Tiens! mais c'est une inconvenance que je viens de dire là!

Après sa plaidoirie, Me Bonnier-Ortolan a été félicité par plusieurs de ses confrères. On lui savait surtout gré de sa fermeté.

Tout jeune.

Après lui,

Me GEORGES LECHEVALLIER.

Je lui ai déjà dit qu'il avait du talent. Je le trouve encore, mais je ne le lui répéterai pas.

Cependant, vite un gros compliment à Me Lechevallier : il a parlé tranquillement.

C'est une chose singulière que ce jeune homme qui est surtout un esprit serré, vigoureux, logique, ne puisse s'habituer à prendre la parole sans se donner à l'instant même l'aspect de l'homme le plus furieux, le plus irritable. Il rougit, se fâche, accentue ses moindres mots, martèle ses syllabes avec une formidable énergie, semble ne plus se contenir. C'est d'autant plus inutile que cela n'est qu'une apparence tout à fait trompeuse.

Mᵉ Lechevallier se contient très-facilement, et la preuve c'est qu'il raisonne très-juste.

Aujourd'hui il a l'air un peu moins en colère que de coutume. C'est bien.

Il y a quelque chose de fait, mais il y a encore quelque chose à faire.

Samedi, 1ᵉʳ août 1871.

Comme samedi, beaucoup de monde ; plus de monde qu'il n'en faudrait si chacun avait la prétention d'être assis ailleurs que sur les genoux de son voisin ou de sa voisine, et de respirer comme il est d'usage de respirer. On est moins ambitieux, on est tout oreille — c'est le cas de le dire — et si l'on entend à peu près, on est heureux.

Le soleil, a repris ses plus méchantes façons : il est lourd, humide, sournois. L'eau qui est tombée ces jours-ci était de l'eau bouillante ; elle a peut-être mouillé par-ci par-là quelques prés, quelques bois, mais elle n'a rafraîchi personne. Et pourtant personne ne se plaint. On donnerait par cette implacable sécheresse toutes les brises, toutes les ondées, toutes les fraîcheurs du monde, pour une petite carte d'entrée à la salle des États.

La séance de samedi a fait quelque bruit aux environs, et les Blaisois naturellement pacifiques se sont émus. J'en ai vu deux hier qui bougeaient. C'était d'ailleurs pour le bon motif. Il leur fallait leur carte, et ils l'ont eue. Ceux qui avaient entendu Mes Arago et Lechevallier avaient échauffé, enflammé les esprits.

Ils avaient dit partout d'un air satisfait, vainqueur : « J'y étais ! » — avaient fait des citations, commencé des récits. Les autres n'étaient pas contents, et un petit brin de jalousie leur donnant un petit brin d'ardeur, ils s'étaient mis en campagne. Aussi j'aperçois beaucoup de visages nouveaux, plus attentifs, plus ébahis que les autres.

Je dois dire cependant que malgré l'empressement des indigènes et le zèle des avocats, on ne serait pas fâché que les débats prissent une allure un peu plus rapide. Il n'y a eu encore que dix plaidoiries : ce n'est guère. Et, en marchant de ce pas-là, ces messieurs nous pourraient bien tenir sur les bords secs et jaunes de la Loire, encore une huitaine de jours, ce qui ne serait pas du tout charitable de leur part.

Il y a à la barre un certain nombre d'avocats de province. Je m'en méfie. L'avocat de province, en général, *fait long*. C'est une nécessité, paraît-il, et lorsque l'on essaye de s'y soustraire, le client n'est pas content. Une plaidoirie substantielle, courte, lui apparaît comme un lambeau de conversation, une de ces choses comme « il s'en dit tous les jours. »

Il estime « qu'il en aurait fait autant et » incline à penser qu'il n'en a pas eu pour son argent.

C'est un de ces messieurs qui a ouvert l'audience :

Mᵉ MASINI

qui nous a servi une plaidoirie marseillaise bien faite, très-tumultueuse, un peu veillotte, et qui je le crois, doit ressembler aux autres plaidoiries marseillaises.

Trop longue, trop consciencieuse, si vous voulez, la plaidoirie de Mᵉ Masini a cependant été écoutée avec attention par le jury.

Mᵉ Masini défendait Sappia. Il faut remercier Sappia de ne pas s'être défendu lui-même, car il aurait été certainement plus tumultueux, sinon plus long que Mᵉ Masini.

Après la plaidoirie de Mᵉ Masini, nous en avons entendu une autre, qui nous a semblé être une très-belle chose, celle de

Mᵉ LAURIER.

Mᵉ Laurier a parlé devant la Haute Cour comme il sait le faire lorsqu'il le veut, avec une véritable éloquence et une sagesse très-attentive. Il n'a pas proclamé la République, mais il ne l'a pas reniée. Il a été habile, très-habile, tout en demeurant ferme. Pas une concession et pas une forfanterie.

Le jury l'a écouté, suivi, car il a parlé au jury le langage qu'il fallait lui parler. Son exorde a été merveilleux d'adresse, de souplesse. Rapidement, en quelques mots, il a su s'imposer, et il n'a consenti à aborder les faits mêmes de sa cause que lorsqu'il a été certain que ceux qui allaient la juger étaient heureux d'entendre celui qui allait la défendre.

Il y a eu de tout dans cet exorde : de la philosophie beaucoup, de l'histoire un peu, de la grandeur, de la familiarité, de l'ironie, et tout cela se tenait, s'enchaînait et marchait d'une allure facile et fière. C'est décidément un artiste que Mᵉ Laurier, et son inspiration jaillit en vérité d'une source non commune.

Moins fougueuse, moins débordante, moins entraînante, si l'on veut, que celle de Mᵉ Gambetta, l'éloquence de Mᵉ Laurier se courbe plus aisément aux nécessités et aux proportions de la cause. Mieux que lui, il sait ordonner son discours, le guider, le contenir. Moins d'éclat peut-être, moins de tempérament, mais plus de méthode : talent essentiellement français, que celui de Mᵉ Laurier, et dont le tact, le goût, la mesure sont les éléments les meilleurs!

Sa plaidoirie a été relativement courte, mais nourrie, serrée. Il a tout dit, et s'il a dégagé de sa cause les considérations générales qu'elle comportait, il a su le faire avec une aisance si naturelle, qu'il semblait que c'était toujours son client qu'il défendait alors qu'il élevait le débat à des hauteurs où les idées seules sont en question.

Il a trouvé, pour flétrir Guérin, des accents âpres, hautains, terribles. Je ne saurais vous dire avec quelle crânerie, quelle insolence familière, il l'a saisi au collet et lui a craché son mépris à la face. Il excelle dans ces exécutions. Sa manière a quelque chose de froid, d'élégant, de souverain.

Quand il insulte, M⁶ Laurier parle doucement, sourit, caresse un peu sa victime, semble s'apitoyer, puis brusquement d'un mot, d'un seul mot, d'un mot profond et sec, — il montre, découvre ce que vaut l'homme. Si l'autre, sous ce mot bouge encore, tout de suite un autre plus cruel, plus décisif, l'achève. C'est très-curieux.

Guérin mérite-t-il les vilaines choses que M⁶ Laurier lui a si généreusement offertes ? C'est une autre question. Le jury le dira.

Mais je crois que M⁶ Laurier a épuisé le sujet, et ses confrères feront bien désormais de laisser Guérin tranquille. Guérin a été suffisamment insulté. De plus, il ne faut pas qu'une main maladroite et lourde se permette de toucher aux fines ciselures de M⁶ Laurier : elle les perdrait. Une œuvre parfaite ne se recommence pas.

M⁶ Laurier a laissé tomber un mot, très digne, mais je crois très-imprudent ; il a dit :

Je dirai la vérité à un parti que je veux servir, mais auquel je dédaigne de plaire ! » Prenez garde, Mᵉ Laurier, ainsi pourvu on se ménage dans la vie politique bien des déceptions. De plus grands que vous vous le pourront dire. L'orgueil, l'estime de soi, la dignité, devant la conscience sont de fort magnifiques choses ; mais je crois qu'en politique ces nobles qualités sont les meilleures du monde pour entraver la marche des plus décidés, des mieux trempés. La popularité, — c'est vieux comme elle, — va à ceux qui la recherchent, et n'aime pas ceux qui la dédaignent. Les hommes forts, dignes et fiers, feraient mieux de ne jamais compter sur ses faveurs. Oui, mais comment faire sa petite trouée ? Ah ! dame ! voilà le diable !...

Mᵉ Laurier a défendu Péthiau.

MMᵉˢ Deloyne, bâtonnier de l'ordre des avocats de Blois, André Rousselle, Leven ont à tour de rôle défendu Arquillière, Benel, Drain et Joly. Ils l'ont fait très-convenablement.

Mᵉ André Rousselle a envoyé un fort coup de poing, — oh ! un coup de poing moral, —

sur la tête de Guérin. Mon Dieu, je sais bien que c'était tentant, mais vrai, c'était inutile.

Blois, 2 août.

Malgré la très-belle plaidoirie de M⁰ Laurier, les Blaisois semblent aujourd'hui moins empressés qu'hier. Je crois, sans vouloir diminuer en rien le mérite de ces messieurs, que les sages, consciencieuses plaidoiries de MM. Deloyne, Rousselle et Leven ont un peu refroidi le zèle des curieux et des curieuses. M. Deloyne avait pourtant fait de son mieux, et glissé très-adroitement une belle et bonne réclame à Blois, sa patrie.

Il avait relevé vaillamment les insinuations de M⁰ Laurier, qui avait laissé entendre que « ce palais était plein des crimes des rois ! » Il n'y a pas eu que des forfaits, avait dit M. Deloyne, il y a eu aussi de très-jolies et de très-gracieuses choses. Et il avait cité une demi-douzaine de petites historiettes blaisoises de tous points authentiques. Puis, après avoir plaidé un peu longuement pour son clocher, il était retourné tranquillement à son client.

Mᵉ Rousselle s'était fort bien acquitté de sa besogne. Il a été clair, et n'était le coup de poing intempestif qu'il a cru devoir offrir à Guérin, terrassé par Mᵉ Laurier, je n'aurais qu'à lui faire des compliments.

Mᵉ Leven, lui, avait peut-être été trop long, mais il avait discuté avec beaucoup de logique. Sa fin avait été très-remarquée, et je crois qu'elle ne sera pas du goût de M. le juge d'instruction Bernier. Mᵉ Leven a en effet cité un arrêt, — un arrêt de principe, — de la Cour de cassation, qui limite comme ils doivent être limités les pouvoirs exorbitants du juge d'instruction. Cet arrêt, si je ne me trompe, a été rendu précisément dans une affaire à laquelle M. Bernier n'était pas étranger.

Tout cela était intéressant ; mais après l'émotion soulevée par la nerveuse éloquence de Mᵉ Laurier, tout cela, je le crains bien, a paru un peu terne. Les Blaisois ont dû se dire :

« Sur quatre, il y en a un d'amusant. Ce n'est peut-être pas assez ! » Et tout naturellement ces braves Blaisois ont eu de la méfiance.

Aujourd'hui, les plaidoiries marchent d'un pas décidé et plus rapide. On parle d'une audience de nuit. Ce serait à merveille. Le plus tôt fini sera le meilleur. Ce doit être l'avis de tous.

C'est

Mᵉ LAX

qui a parlé le premier ; il a bien parlé. Il est singulier, ce jeune homme : excentrique et endormi, désordonné et froid. On a écouté sa plaidoirie avec plaisir, et elle méritait d'être ainsi écoutée. Très-naturel, pas l'ombre de prétention, du trait ; par-ci par-là un peu d'humeur — mais trop de sommeil.

Il cède la parole à

Mᵉ REITLINGER

un Prussien qui a dépensé un entêtement germanique formidable à se faire naturaliser Français ; était avocat à Carlsruhe, depuis plusieurs années, lorsqu'il eut l'idée saugrenue de se faire avocat à Paris. Il apprit le français, fit son droit à Paris, obtint la grande naturalisation et se fit inscrire au barreau, — le tout en deux ans. Un autre aurait mis trente ans à ne pas en faire la moitié.

Secrétaire de Mᵉ Jules Favre. Aime son maître comme son père, et le vénère comme un Dieu. L'année dernière, lorsque, dans les réunions publiques, l'illustre républicain eut l'honneur de subir les polissonneries de je ne sais quels goujats (1), Mᵉ Reitlinger eut un gros chagrin naïf, abondant, un chagrin d'enfant.

Il a plaidé aujourd'hui avec son cœur, qui me fait l'effet d'être un excellent cœur.

---

(1) Depuis les dits gougats ont fait énormément de petits.

Mᵉ BIGOT

a bien agacé M. le président en démolissant à tour de bras le Code d'instruction criminelle.

Interrompu par M. le président, il a répondu que ce n'était pas lui mais bien M. le ministre de la justice qui le premier avait mis la main à la pioche.

Il est d'ailleurs retranché derrière M. Bonnier-Ortolan, qui lui aussi avait eu le privilége d'impatienter M. le président, en faisant la même besogne que Mᵉ Bigot.

« Je ne puis mieux faire, a dit Mᵉ Bigot, que d'invoquer l'autorité de mon jeune confrère, puisqu'il a eu l'honneur d'être désigné par le gouvernement comme secrétaire de la commission nommée pour la révision d'un code qui gagnera certainement à être remplacé par un autre. » Ce n'est pas mal.

Mais jusqu'à présent le succès de la journée est pour

Mᵉ DELATTRE

défenseur de Tony-Moilin.

Le citoyen docteur Tony-Moilin est un grand personnage, étrange, efflanqué, maladif. Quand Courbet l'aura vu, il ne voudra plus faire d'autre portrait que le sien. Il fera son portrait tout le temps : face olivâtre, tête petite, longue, regard très-doux, s'échappant d'un œil gris un peu enfoncé. Ce révolutionnaire n'a vraiment pas l'air méchant. Tout ce que je puis concéder, c'est que, vu de loin, près d'un arbre, il pourrait bien être pris pour un épouvantail à moineaux.

C'est lui qui, il y a deux ou trois ans, a jugé à propos de déposer sur la figure de ses compatriotes une foule de petites ordures rondes et brunes, — que ceux-ci traînaient partout. C'était malpropre, mais cela n'avait rien de subversif.

Mᵉ Delattre a défendu le docteur Tony-Moilin avec beaucoup de chaleur et non sans esprit.

Une belle voix, une grande tournure, et un air de loyauté, de franchise qui est séduisant.

Sa parole détonne trop — car elle détonne toujours. — Peu ou pas de nuances. Cela est bruyant et monotone.

La péroraison émue de Me Delattre a soulevé l'enthousiasme d'une grande partie du public. Pour la première fois depuis que les plaidoiries ont commencé, on a applaudi. Je constate ce succès sans m'y associer.

La plaidoirie de Me Delattre avait été bonne, mouvementée, un peu désordonnée, mais chaleureuse et vivante ; sa péroraison, si goûtée de quelques-uns, à mon gré l'a gâtée : Me Delattre, en finissant, a fait un rapprochement entre les espions des procès et les espions prussiens, il a parlé des fils des jurés et des fils des accusés. Il a évoqué la bataille. Je répète qu'on a été enchanté. J'ajoute pour ma part que j'ai trouvé les dernières paroles de Me Delattre trop sentimentales, un peu mélodramatiques, banales. Voilà.

Mᵉ THOYOT, DÉFENSEUR DE FERRÉ

a défendu Férré malgré lui.

Férré, vous le savez, exclu de l'audience depuis l'incident Floquet, n'y a pas reparu. Il a défendu à aucun avocat de se présenter pour lui. Il pouvait imposer silence à celui que M. le président avait désigné, s'il avait été présent à l'audience. Absent il ne le pouvait pas. Force donc a été à Mᵉ Thoyot de prendre la parole pour un homme qui avait formellement affirmé qu'il ne voulait pas être défendu.

Mᵉ Thoyot a compris qu'il n'avait qu'une formalité à remplir, et, en deux minutes, la chose a été faite. Compliments.

Mᵉ ALBERT GRÉHEN

a eu aussi son succès auprès des délicats, des connaisseurs. C'est un philosophe et c'est un lettré que nous avons entendu, et les instants que nous avons passés en sa compagnie compteront parmi les meilleurs que nous aurons connus en ces fatigants débats.

M. Gréhen est-il un orateur? Je ne sais, mais je suis certain qu'il est un esprit chercheur, désireux de se mouvoir dans les sphères élevées. Il aime l'analyse, il s'y complaît sans s'y attarder. Sous la douceur de sa parole, on sent la fermeté et la décision de son intelligence. Il observe scrupuleusement, mais il conclut vite.

La voix est un peu grêle, le ton placide; mais la phrase, correcte et élégante, se dessine, se forme, s'achève avec une facilité gracieuse qui révèle de quel fin et littéraire esprit elle s'échappe. Jamais d'éclat! jamais d'élan! mais une langue serrée, soutenue, qui traduit l'idée sans la surcharger ni l'obscurcir.

En défendant Pellerin, M. Gréhen a dit qu'il défendait un aristocrate. Il a bien choisi et s'il me fallait qualifier et préciser la nature de son inspiration, je dirais que j'incline à penser qu'elle est de race pure, et si j'osais, — de race patricienne.

Mᵉ LACHAUD FILS

va, vient, se promène dans le prétoire. De plus, il parle. Pourquoi donc?

Mais, mon Dieu! parce qu'en ce moment il défend Verdier, le révélateur, avec beaucoup d'aplomb, d'ardeur et de facilité. Oui! de facilité. Mais cela n'est pas du goût de

SAPPIA

qui, rapide comme une flèche, fond des hauteurs où il perche, jusqu'à la barre, y colle ses longues mains et se met à parler, comme il parle avec une volubilité dont rien ne peut donner idée. C'est une cascade de syllabes bruyantes, sonores, ronflantes. Cela tombe, s'accumule, se précipite, dégringole, chante, sonne.

L'oreille n'y comprend rien, mais la fougue et la clarté vivante du geste, corrigent l'incohérence des sons. Tout parle en cet homme:

le regard, les bras, les jambes. Sappia appelle
Mᵉ Lachaud fils — « lé pétit advocato. » Il pose
des questions. Mᵉ Lachaud rit et ne répond pas
aux questions.

Mais la parole est à

Mᵉ OSCAR FALATEUF

défenseur du révélateur Guérin. Tâche très-
difficile selon les uns, impossible selon les
autres.

Voyons.

Ah! c'est vu, et décidément c'est un homme
que Mᵉ Oscar Falateuf! D'un mot, d'un geste,
tout de suite il se fait écouter, s'impose. La
voix est métallique, vibrante, sonore, — l'attitude décidée. Le geste tranchant, un peu dédaigneux. Tête fine et énergique tout à la fois, —
un regard perçant, fier. Voilà pour l'extérieur.
Il révèle assez bien l'homme.

Mᵉ Falateuf est l'avocat de la discussion rapide,
utile. Il parle une très-belle langue et la met

aux ordres de sa cause. Pas de périodes, pas de recherches, pas d'élégance, — mieux que cela, la couleur, la clarté, la vie, — se dégagent tout naturellement des faits que M⁰ Falateuf n'abandonne jamais, qu'il suit pas à pas, qu'il interroge un à un, et dont il sait faire sortir le salut.

Je ne dis pas que M⁰ Falateuf m'a convaincu. Je persiste même à penser que Guérin pourrait bien être l'homme que nous ont montré hier les indignations de M⁰ Laurier ; mais je tiens néanmoins à dire que M⁰ Falateuf a un grand talent et qu'il a admirablement parlé.

Si aujourd'hui les Blaisois ne sont pas contents, ils sont difficiles.

Blois, 3 août.

L'émotion soulevée hier par la plaidoirie de M⁰ Oscar Falateuf ne s'est pas calmée. Beaucoup d'accusés ne sont pas contents et quelques collègues de M⁰ Falateuf sont indignés. Je répète que M⁰ Falateuf, en dépit de tout son talent, ne m'a convaincu, mais j'avoue que je m'explique imparfaitement cette indignation. En effet, sans témérité et sans injustice, personne n'a le droit d'affirmer que le défenseur de Guérin ne croyait pas ce qu'il disait. Or, s'il le croyait, on ne peut raisonnablement lui en vouloir de l'avoir dit.

Il a fait son métier d'avocat, et chaque jour, devant la cour d'assises, les hommes les plus honorables défendent les hommes les plus compromis, sans provoquer en aucune manière la défiance, les soupçons qui ont accueilli la plaidoirie d'hier. Je sais bien qu'ici on ne peut apporter la tranquillité d'esprit avec laquelle on juge les affaires ordinaires.

La politique non-seulement est en question, mais est la question même, et la politique est la chose du monde où la froide raison est le moins en honneur.

Ce serait mieux autrement, mais ce n'est pas, et, je le crains bien, ce ne sera jamais autrement. Les partis n'aiment pas les modérés et se méfient des justes : ce qu'il leur faut pour vivre, agir, c'est la foi, l'enthousiasme, l'énergie.

La justice qui est faite d'observation, de tolérance, d'équilibre, n'est pas leur affaire. Il est vrai que tous sont persuadés qu'ils combattent précisément pour la justice même, et c'est peut-être faire un cercle vicieux que de leur demander d'être justes envers ceux qui combattent pour l'erreur.

Une autre raison justifie la mauvaise opinion des confrères sur la façon dont Me Falateuf a rempli sa très-difficile tâche : la supériorité même de son talent. On se serait arrangé à la rigueur d'une petite harangue modeste et plate. On ne supporte pas une harangue puissante, claire et habile. C'est encore très-humain cela, — d'avoir peur des forts.

Pour ma part, je trouve cette peur exagérée, et même puérile.

Me Falateuf a fait œuvre d'artiste, d'orateur, il a su d'une cause difficile, obscure, faire sortir quelque clarté. C'est fort bien, mais en somme son éloquence n'a pu toucher aux faits, aux pauvres faits qui restent debout, entiers, et qui me semblent défendre et protéger les accusés bien plus que Mᵉ Falateuf n'a pu leur nuire.

J'ajouterai qu'à mon gré, Mᵉ Falateuf a fait de la vanité de l'accusation, du néant du complot, une démonstration rapide et concluante qui, loin de gêner l'action de ses confrères, l'a certainement servie.

Aujourd'hui, c'est

Mᵉ FLOQUET

qui lui a répondu.

Mᵉ Floquet a du talent, mais, moi, j'ai du malheur : le talent de Mᵉ Floquet ne m'est pas très-sympathique. Je fais cet aveu avec d'autant plus d'aisance qu'il tournera certainement à ma confusion. Car ce qui me rend rebelle à l'éloquence de Mᵉ Floquet, c'est, je le crains bien, la perversité de mon âme. Mᵉ Floquet est surtout un esprit absolu, droit, laissez-moi le dire — rectiligne.

Un beau jour, dans la sincérité de sa réflexion, il a conçu un idéal, et l'ayant conçu, il s'est prosterné devant lui avec la ferveur d'un croyant. C'est très-beau la foi, mais c'est la foi, — c'est-à-dire quelque chose d'implacable, d'austère, d'intolérant et d'agressif. Un croyant n'a plus rien d'humain, il ne choisit plus, ne distingue plus, ne s'attendrit plus, ne rit plus, n'est plus libre; il va droit devant lui comme une machine, — machine honnête, — mais machine.

Ses yeux ne voient pas l'obstacle, ses oreilles n'entendent pas l'objection, et son esprit dompté, vaincu, n'est plus un esprit. Si, par malheur, le croyant a quelque énergie native, son cas se complique.

Le croyant qui n'est pas un imbécile devient très-vite un pontife. Or, le pontife est un personnage étrange, roide et onctueux; — un principe qui vit, prêche, fait du bruit, bavarde. C'est très-ennuyeux, mais c'est très-respectable.

Aussi, je respecte, mais je m'ennuie. Oui, je l'avoue, à mon gré, M⁰ Floquet croit trop que c'est arrivé; il le croit avec une candeur magnifique. Sa parole fait comme lui, naturellement. Alors vous l'entendez d'ici cette parole : elle ne convainc pas, elle affirme ; elle ne discute pas, elle proclame ; elle n'émeut pas, elle terrasse, — quand elle peut. Souvent elle peut, car elle est quelquefois éloquente. Toujours elle est honnête, — et c'est là sa force. Toujours également elle est solennelle, grave, et c'est là peut-être sa faiblesse.

J'ai dit du talent de Mᵉ Laurier qu'il était essentiellement français, je pourrais dire du talent de Mᵉ Floquet qu'avant tout il n'est pas français. Il ne rit jamais ce talent. Ne jamais rire : quelle sérénité profonde cela suppose ! Le rire ! mais Mᵉ Floquet, lorsque l'on a vu les misères, dont la vie est faite, est pleine, il n'y a plus que le rire au monde qui vaille la peine de vivre.

Permettez à un vieillard de vous le dire : l'ironie, c'est le salut. Je sais qu'elle modère les élans, qu'elle éteint les enthousiasmes, mais je sais aussi qu'elle corrige les exagérations, atténue les violences, et convie à la modestie. Je crois même fermement que ceux qui ont appris un beau jour à se moquer d'eux-mêmes, à penser qu'ils n'étaient pas plus intéressants que le reste des choses créées, ont fait ce jour-là une découverte excellente qui, dans la conduite de leurs facultés, leur rendra les services les plus signalés.

Cette découverte, les âmes de la trempe de M⁰ Floquet la font tard ou ne la font jamais. Il y a des génies naïfs, et même de grands génies naïfs ! mais le talent naïf, c'est plus rare et moins simple.

M⁰ Floquet a défendu le citoyen Cournet.

Soyons juste : M⁰ Floquet a plaidé avec beaucoup de chaleur, et, — notons-le, — de clarté. C'est l'avis de tous.

M⁰ Ch. Quentin après lui a eu un succès de silence qui, à en juger par l'émotion qu'il a montrée, a été très-doux à son cœur.

Il se présentait pour M. Razoua (1), son ami.

M. le procureur général a déclaré à M⁰ Ch. Quentin qu'il abandonnait l'accusation.

M. A. Vincent, que je viens de rencontrer et

---

(1) Membre de la Commune.

qui plaidait pour Vitet, m'a dit : « Vous ne pouvez pas vous imaginer combien j'ai été mauvais ! »

Je me suis informé, et j'ai appris que M⁰ Vincent avait fait son devoir. Alors je me suis donné des airs de père noble et je lui ai dit « M⁰ Vincent, allez en paix ! »

M⁰ Sandrique fera un excellent garde mobile. Ardent, vibrant, ému. S'il défend sa patrie comme ses clients, la patrie peut-être tranquille. Très-bouillant, très-jeune (1).

Défendait les frères Villeneuve, qui, je veux le croire, sortiront de l'audience comme MM. Razoua et Cournet (2).

M⁰ Ed. Laferrière nous a donné une très-substantielle, très-robuste plaidoirie, la plaidoirie d'un jurisconsulte. Il a su, avec une grande autorité, démontrer clair comme le jour au haut jury combien étaient vagues, inconsistantes selon lui, les prétentions de l'accusation. Je vous

---

(1) On m'assure que M⁰ Sandrique a fait très-militairement son devoir, en deçà et au delà de la Loire.

(2) Membres de la Commune.

ai déjà dit, et à plusieurs reprises, tout le bien que je pensais de cet esprit, si net, si ferme ; je n'y reviens pas.

Interrompu par M. l'avocat général, M° Laferrière, avec une grande énergie, a déclaré que s'il avait entendu le réquisitoire comme il le devait, c'était parce qu'il respectait en M. l'avocat général ce qu'il entendait faire respecter en lui : la liberté de la parole.

Mᵉ Laferrière qui, comme M° Floquet, ne rit pas souvent, a ri aujourd'hui. Il a même très-bien ri.

Après Mᵉ Laferrière, Mᵉ Lechevallier, Bigot, ont pris la parole et ne l'ont pas gardée longtemps.

Il est quatre heures, et huit avocats seulement ont été entendus. Ce n'est pas assez. O mes chers maîtres ! que ce serait gracieux à vous de vous dépêcher un peu.

Je ne dis pas cela pour Mᵉ Bigot, qui en ce moment même plaide, avec une verve gaillarde, la cause des tonnes, vous savez ces tonnes qui ont protégé la retraite des bataillons révolutionnaires. Il dit que ces tonnes ont fait tache dans

le réquisitoire de M. l'avocat général. Tache!
une tache seulement?

Il est vrai que Mᵉ Bigot prétend qu'il n'y
avait qu'une tonne, une toute petite tonne, —
la tonne des familles.

MMᵉ Thoyot et Mouterde succèdent à Mᵉ Bigot.
Ils ne sont pas trop longs!

Et de dix! et l'audience va finir!

Allons, nous serons encore ici dimanche.
Ceux que cela fait rire, n'ont pas de cœur.

———

Blois, 4 août.

Nous sommes toujours dans les barricades, et
comme hier les défenseurs font de leur mieux
pour nous en faire sortir. Ils sont persuadés
qu'ils se dépêchent autant qu'on peut se dépêcher, nous les croyons sur parole; mais nous
persistons à trouver le temps un peu long. Ces
messieurs ont d'ailleurs d'excellentes raisons
pour montrer moins d'impatience. Une fois
leur plaidoierie prononcée, on ne les voit plus

guère à l'audience, et les bancs de la défense sont ce matin presque entièrement vides. Me Lachaud n'est pas revenu à Blois, et beaucoup de ses confrères : MM^{es} Laurier, Falateuf, Vincent, etc... l'ont quitté.

Ceux qui ne sont pas retournés à Paris ont pris ce matin leur volée vers Chambord, Chenonceaux et Amboise. Heureux hommes !

On avait cité, je vous l'ai dit, *la Marseillaise* et *la Cloche* à comparaître aujourd'hui pardevant MM. les conseillers de la Haute Cour. Me Gatineau et Me Deloyne, défenseurs de M. Lechevallier et de M. Rigault (1) ont demandé à la Haute Cour la remise à huitaine. Il a été ré-

---

(1) Le doux Rigault que vous savez. Je n'aurais jamais su deviner, je l'avoue, sous les traits chiffonnés de ce gamin ahuri, le monstre complet qui a gouverné Paris deux mois pleins. Ce qui frappait surtout en lui c'était la malpropreté de son visage barbouillé, humide d'une salive visqueuse et jaune. Son vieux camarade Delescluze, au premier aspect, se trahissait mieux. La première fois que je le vis, je flairai tout de suite le loup-cervier, la bête méchante, acharnée. Je dis mon impression à bon nombre de mes amis qui

solu que l'affaire serait jugée le lendemain du verdict.

Puis la parole a été donnée à

GROMIER

qui n'a pas pris d'avocat. J'ai beau faire, je ne puis rien comprendre à ce besoin qu'ont certains hommes de s'infliger sans rime ni raison les châtiments les plus durs. C'est sans doute la faute de la mollesse de ma nature à moi. L'ardeur dans la lutte, la franchise des aveux, le dédain des moyens douteux s'expliquent; mais cet héroïsme bizarre, qui consiste à accumuler sur sa tête, uniquement par caprice, par fantaisie, tout ce qui peut le mieux vous accabler, me semblera toujours la manifestation d'un esprit égaré par un fanatisme stérile et fou.

Ces extravagances de la dignité n'ont rien à

étaient d'excellents républicains, ils se moquèrent beaucoup de moi. Je leur rappelle les incendies, les massacres, la fin de mai ; espérant que cela ne les a pas fait rire.

voir avec la dignité même. Tous les co-accusés de Gromier ont été très-fermes, et cependant ils n'ont pas cru manquer en rien à ce qu'ils devaient à leur parti, à leur passé, à ce qu'ils se devaient à eux-mêmes, en répondant raisonnablement à des imputations qu'ils jugeaient, — tout comme Gromier, — absurdes.

Je veux espérer de tout mon cœur que l'attitude tout à la fois agressive et froide de Gromier n'influencera pas les juges, et qu'ils se préoccuperont, au moment de rendre leur verdict, des faits relevés contre Gromier et non de Gromier lui-même. Je veux l'espérer, parce que cela sera juste, mais je ne puis néanmoins me défendre d'une appréhension en songeant qu'il y a souvent certaines impressions, et même les plus fugitives, qui nous dominent, malgré nous, et que nous écoutons plus volontiers que les meilleurs arguments.

Gromier a été aujourd'hui l'homme qu'il a montré depuis le commencement des débats, — poli, courtois, doux, implacable. Il s'est exprimé avec une lenteur, une mesure, avec une grâce exquises; mais sous cette parole on sentait se lever, entières, intactes, frémissantes la protestation, l'indignation, la colère d'une âme de fer.

Le système de défense auquel s'est arrêté Gromier est d'ailleurs peu compliqué. Un enfant l'aurait conçu sans effort. Le voici :

Le 2 décembre est un crime. La loi ne peut sortir du crime. La loi actuelle sort du crime ; donc je ne puis, en bonne morale, respecter la loi. Comme vous voyez, c'est simple.

Il a posé des conclusions résumant cet inoffensif raisonnement. Je vous laisse à penser si ces pauvres conclusions ont eu du succès auprès de la Haute Cour ! Comme rédaction, cela n'était pas sans analogie avec le manifeste de M. Lermina, en son commencement du moins, car au second attendu. — « Attendu que le citoyen Charles-Louis Bonaparte, etc... » M. le président et M. l'avocat général ont invité Gromier à se taire.

Gromier s'est incliné de la façon la plus gracieuse, a souri, et de sa voix la plus douce a dit en s'asseyant :

— L'histoire, M. le président, nous jugera !

Mais, terrible citoyen, le jury vous jugera aussi, et avant l'histoire ! Et dire qu'il n'y a peut-être à reprocher à cet homme-là qu'une excentricité ou qu'un enfantillage !

Gromier était magnifique; habit noir, cravate blanche, gants clairs. Les gants clairs me déroutent : La République est morte depuis dix-huit ans, citoyen, et déjà vous portez le demi-deuil !

Après Gromier, nous avons entendu une bonne douzaine de plaidoiries, et une particulièrement joyeuse, celle de

Mᵉ DUMINIL

qui n'a fait que pouffer de rire tout le temps. Je n'ai jamais vu un homme rire comme cela. Au commencement, je me disais : « Ce pauvre Duminil a un fou rire, — cela va se passer ! » C'était une illusion, — cela ne s'est point passé. Il a ri à l'exorde, il a ri à la péroraison, et le plus curieux, il a ri en débitant les choses les plus sinistres. Je voudrais bien dire que c'était shakspearien, mais c'était surtout très-inquiétant. J'avais toutes les peurs du monde que M. le président n'intervînt.

C'est qu'avec cela, il plaidait très-bien cet être-là! Il a recommencé l'histoire du parapluie, — vous savez le parapluie de son client, — qui à lui tout seul a soulevé « les pavés sonnants de la grande cité. » Le parapluie devait venir, — il n'est pas venu. « Nous avons mieux, s'est écrié, en riant de plus belle, M⁰ Duminil, et voilà ce que j'ai trouvé chez mon révolutionnaire! » Et il découvre devant le haut jury respectueux et ému une gigantesque gravure représentant l'Empereur, l'Impératrice et le Prince Impérial en grande tenue. Alors M⁰ Duminil *passe la main* : tout le monde rit cette fois, mais lui brusquement devient sombre. Etrange!

Un instant, j'ai cru que j'allais être éclairé sur les causes de la joie de M⁰ Duminil. C'était une seconde illusion. Interpellé par M. le président, qui lui dit :

— La haute position du barreau lui commande une attitude sérieuse!

Me Duminil réplique :

— Monsieur le président, ma cause n'est pas sérieuse, les arguments de l'accusation ne sont pas sérieux. Comment voulez-vous que moi, humble et chétif, j'aille me donner de grands airs que ne comporte pas l'affaire?

C'était d'autant mieux répondu qu'en effet je crois que les clients de M. Duminil ne sont pas bien compromis, mais ç'a été insuffisant à éclaircir mon doute.

On ne rit pas comme cela pour si peu.

Il y a quelque chose là-dessous.

Me FRÉMONT.

Le jeune avocat dijonnais a pris la parole pour défendre Dereure, l'ex-gérant de *la Marseillaise*. Me Frémont a du talent, je vous l'ai dit, mais il a un talent trop fougueux, trop bouillant.

Depuis huit jours ses amis lui ont si bien répété sur tous les tons qu'il fallait se contenir, qu'il le fallait pour sa cause, que c'était un devoir, etc., que Me Frémont a su se contenir. Il a été calme, très-calme, je dirai presque trop calme. Il a raisonné, il a analysé, il a conclu : il ne s'est pas ému. En son affaire, c'était pour le mieux, et Dereure peut être content de son jeune défenseur.

Après lui,

Me GATINEAU

a très-vertement plaidé pour Prost, compromis dans le complot et de plus accusé d'avoir envoyé trois coups de revolver à un agent.

Pas commune le moins du monde, savez-vous, la manière de Me Gatineau ; — quelque chose de fin, de madré, de rond, de bon enfant.

Il s'émeut et sait émouvoir, mais je le trouve plus dans sa ligne quand il s'amuse que quand il s'attendrit. En somme : le fond goguenard.

Il a eu aujourd'hui un petit succès, et ses dernières paroles chaleureuses, un peu tapageuses, ont été saluées par' des applaudissements suffisamment prolongés.

Avec M° Delattre, M° Gatineau a été jusqu'ici l'avocat le plus applaudi. Je crois même qu'il a été plus applaudi que M° Delattre.

Pour l'un comme pour l'autre, M. le président Zangiacomi a laissé faire, — ce qui est gracieux.

M° EDGARD DEMANGE

arrivé ce matin de Paris, défend en ce moment même Beaury. Tâche délicate. Il s'en acquitte très-bien, comme il a coutume.

Un talent sans grande originalité, mais un talent réel. C'est facile, ému, très-élégant. Un talent d'homme du monde.

En écoutant son défenseur, Beaury a pleuré un peu. C'est bête, mais cela m'a touché.

Avant de s'asseoir, M° Demange fait une observation en faveur d'un conspirateur qui m'a tout l'air d'être coupable d'être allé prendre un

verre de sirop de groseille chez Dupont. S'en
méfier.

Mᵉ Lanne, en quelques paroles très-élevées et
tout à fait concluantes, fait justice des prétentions de l'accusation contre l'accusé Buisseau.
Beaucoup, beaucoup de talent, Mᵉ Lanne!

Un petit peloton de stagiaires a défilé aujour-
d'hui. Je vous citerai Mᵉ Aurel, qui a eu l'esprit
de plaider quatre minutes. Je ne vous citerai
pas les autres qui ont été plus longs. Voilà ce
que c'est, jeunes maîtres, que de ne pas avoir
été sages.

Blois, 5 août.

J'aurais voulu revenir sur la séance d'hier,
dont je vous ai donné les derniers incidents,
avec une rapidité peut-être excessive; j'aurais
voulu surtout m'étendre un peu sur la très-
remarquable, très-rigoureuse plaidoirie de

Mᵉ Lanne ; mais il me faut remonter plus haut et vous parler encore de la séance si intéressante de mardi. La faute en est aux protes, qui, chez nous comme ailleurs, semblent s'être donné le mot pour égarer l'opinion publique. C'est toute une petite histoire qui peut s'appeler :

LES PROTES ET Mᵉ ALBERT GRÉHEN

Le causeur délicat, le diseur gracieux et fin qui en défendant M. Pellerin, nous a tous tenus l'autre jour sous le charme de sa douce parole, joue décidément de malheur avec ces messieurs. Il faut penser que ce nom de Gréhen — qui s'en serait douté ! — est bien difficile à écrire et à lire, puisque, aussi bien chez les graves que chez les plus légers, il a été estropié avec un ensemble fantaisiste tout à fait extraordinaire.

Les uns ont appelé Mᵉ Gréhen — Mᵉ de Graham — d'autres Mᵉ Erchem, — d'autres Cressent, — d'autres Aberen, — nous, nous l'avons appelé : Mᵉ Frehen !

Parmi nos confrères, il en est un qui est même allé jusqu'à écrire M⁶ Gretchen.

M⁶ Gretchen! j'avoue que M⁶ Gretchen me réjouit et me plaît.

J'ai mes raisons pour cela. Avant les débats je vous avais déjà parlé, je crois, du défenseur de Pellerin. Je vous avais dit qu'en très-long, en très-mince, il me rappelait la figure de Dante. Je persiste à trouver en effet qu'avec son œil bleu profond, son nez crochu, son air soucieux, M⁶ Gréhen ressemble au poëte florentin.

Mais il faut bien le dire, cette tête, qui est assez belle, est beaucoup trop petite, et ce corps, qui est élégant, est beaucoup trop long — il est long, long — il n'en finit plus. De plus, il est maigre en proportion. Cela fait un ensemble sec et mélancolique, effacé et osseux qui rappelle l'aspect des personnes de l'autre sexe qui se soumettent trop longtemps aux devoirs de la chasteté. Alors Gretchen sied à ravir ! Gretchen est charmant !

Il y a tout un monde de vieilles vierges dans ce mot Gretchen, qui a quelque chose de pur, de virginal, d'âgé, de sentimental, de résigné et de vexé ? Ne trouvez-vous pas ? Moi je trouve.

Cependant ma joie ne va pas jusqu'à ce point de me faire regretter que Gretchen ne soit pas le nom de M⁰ Gréhen. L'analogie peut être lointaine, et, en tout cas, n'est pas l'identité. Enlevez le *tc*, et vous aurez tout de suite un nom plus mâle, d'où se dégagent la force, la sérénité, l'énergie. C'est plus qu'il n'en faut et nous avons sur ses deux pieds :

M⁰ ALBERT GRÉHEN.

Oui, Gréhen. — J'espère que cette fois, c'est bien entendu.

L'audience d'aujourd'hui s'annonce bien. Beaury, toujours aimable et lent, ébauche des explications. Il distingue, compare, essaye de conclure.

Puis voici le capitaine Arago (1).

---

(1) Tué devant Orléans.

Un bel homme le capitaine Arago ! Bien campé, bien découplé, nerveux et mince ! Je suis peut-être partial, car j'avoue que j'ai ceci de commun avec l'héroïne d'un poëme moderne, que j'aime énormément les militaires.

M. Arago est le cousin germain de M. Emmanuel Arago. Il est le fils d'un des frères de François Arago, ancien officier supérieur d'artillerie. Capitaine adjudant-major d'un régiment de ligne en garnison à Blois, M. Arago a été choisi par M. le président pour dire au jury, qui l'avait demandé, s'il pensait que le revolver dont se serait servi Prost avait été chargé ou déchargé. M. Arago, assisté d'un armurier blésois, a démonté l'arme, l'a scrupuleusement examinée, puis il a déclaré que pour lui il était certain « que jamais elle n'avait été chargée ; les canons sont aussi nets, a-t-il dit, que si le revolver sortait de chez l'armurier ! »

Cette déclaration a produit une vive impression sur le jury. Cela s'explique : l'instruction et après elle l'accusation avaient dit tout le contraire.

M. le président, visiblement surpris de cette contradiction, a de nouveau interrogé Prost :

— N'aviez-vous pas deux revolvers ?

— Je n'en avais qu'un.

M⁰ Gatineau a complété sa très-habile plaidoirie d'hier. M⁰ Gatineau mérite son succès, et je crois bien que son client sera en ce point de l'avis de tout le monde.

M. le président trouvait-il M⁰ Gatineau un peu trop vif, un peu trop affirmatif ? je ne sais. Mais il faisait de petits signes, moitié impatients, moitié aimables, qui ont provoqué cette question de M⁰ Gatineau :

— Mon Dieu ! si M. le président veut présenter la défense de mon client, je serai bien joyeux de lui céder la parole : M. le président aura beaucoup plus d'autorité que moi.

Sur quoi, M. le président a souri de son plus doux sourire.

Allons, tout va bien.

M. Arago remet son sabre, et quitte l'auditoire. Il a joliment bien fait d'y venir.

Nous parlions des noms tout à l'heure, s'en peut-il imaginer un plus beau que celui-ci :

Arago. Il y a l'envergure de l'aigle dans ce mot-là. C'est orgueilleux, c'est grand, et cela annonce je ne sais quoi de net, de puissant, de décidé. Après tout, ce n'est pas très-scientifique ce que je vous dis là, et ce sont peut-être des idées que je me fais.

Mᵉ André Rousselle a défendu Grenier — vous savez — Grenier l'ahuri, Grenier le stupéfait, Grenier qui dit « Ah!... oh... Fameux! de plus en plus fameux!... En voilà des histoires!... » Il l'a défendu avec un cœur débordant. Je crois d'ailleurs que l'avocat et le client ne s'étaient pas suffisamment compris. M. le président du moins l'a assuré, et Mᵉ Rousselle a peut-être trop insisté en répondant à M. le président.

J'aime beaucoup mieux la première plaidoirie de Mᵉ Rousselle que la seconde.

On n'est pas parfait, — comme l'ont déjà remarqué un certain nombre de philosophes.

Après Mᵉ Rousselle, — Mᵉ Delzant a eu la joie de se taire : l'accusation est abandonnée à l'égard de ses deux clients, Bayol et Mabire.

Mᵉ Robert de Massy, un Orléanais, et Mᵉ Belton, un Blésois, ont plaidé avec clarté et avec énergie la cause de Letouzé et de Lerenard.

Lerenard répond à M. le président qui lui demande s'il a quelque chose à ajouter à sa défense : « qu'il n'a rien à ajouter à la plaidoirie de son défenseur, par cette raison qu'il n'en a pas entendu un mot ! » Mᶜ Belton a pourtant une très-belle voix. J'en conclus que Lerenard s'est parfaitement endormi du sommeil du juste. Cette conclusion n'est pas la bonne, et Lerenard aime mieux dire franchement qu'il est un peu sourd.

Ah ! voici Mᵉ Abel Peyrouton.

Un murmure de satisfaction, de curiosité mitigée d'inquiétude s'élève dans l'auditoire. Evidemment les bourgeoises de Blois ne sont pas rassurées, et je ne serais pas éloigné de croire qu'un certain nombre d'entre elles s'attendent à ce que M Peyrouton va déposer devant la Cour des conclusions tendant à l'immolation immédiate de tous les petits enfants des deux sexes, appartenant à la classe moyenne. Je ne me laisse point dominer par cette crainte, que je crois exagérée, mais je confesse que je ne suis point non plus très-tranquille.

Je sais Mᵉ Peyrouton le moins farouche des hommes, et j'ai même quelques raisons de penser que c'est un excellent garçon ; mais je le soupçonne de professer pour l'absolu et tout ce qui en découle un culte trop naïf, — comme tous les cultes. C'est si simple de se dire : La vérité est là. Elle est faite comme cela, exactement comme cela ; — elle a telle forme, telle couleur, et tout ce qui n'a pas cette forme, cette couleur, — tout ce qui n'est pas exactement comme cela, — c'est des histoires.

Oui, c'est simple, trop simple, et l'humanité y met beaucoup plus de malice. J'ai donc peur que Mᵉ Peyrouton, obéissant à cette tendance de son esprit, ne se laisse aller à déployer de petits drapeaux, à faire de petites proclamations, de grosses déclamations. J'en ai surtout peur pour son client Greffier.

Eh bien, mesdames, vous et moi nous nous trompions ! comme vous le pouvez voir !

Mᵉ Peyrouton plaide bien, et cela ne l'empêche de plaider raisonnablement. De temps en temps quelques effets d'*amertume*, d'indignation, qui sont peut-être un peu hors de saison, inutiles. La diction est lente, mais sûre, intelligente ; la voix grave et claire. Le geste non plus n'est pas mauvais, un peu solennel.

Allons ! Me Peyrouton pourrait bien avoir du talent !

Mais c'est que je crois positivement qu'il en a. Bien déduite, bien venue, bien *jouée* cette plaidoirie. Je dis *jouée* dans le bon sens, je veux dire que Me Peyrouton sait dramatiser son discours. Il est acteur, — ce n'est pas parfait, mais il y a quelque chose. — Soignons cela.

En somme, Me Peyrouton; c'est très-gentil Seulement, tout en restant républicain si c'est notre idée, n'allons plus dans les réunions publiques débiter des bêtises à de braves gens qui n'y comprennent rien.

Hier, je ne vous ai pas nommé les jeunes avocats que mon impatience, — je la croyais légitime — avait jugés trop longs. L'un d'eux vient de me donner sa parole d'honneur « qu'il ne l'avait pas fait exprès ». J'ai un remords, et je me dis que les autres aussi ne l'ont pas fait exprès, et étant bon prince, je reviens sur ma première décision. Voici les noms de ces messieurs :

MM^{es} Galard, Kergoos, Benoist, Pavie, Bouillet et Choppin d'Arnouville.

Si je mets M. Choppin d'Arnouville à la queue, ce n'est pas du tout parce que je trouve qu'il est à la place où son mérite l'aurait naturellement conduit, c'est simplement parce que je lui en veux de m'avoir involontairement procuré une petite, mais très-cuisante déception. Lorsqu'il s'est levé, lorsqu'il a prononcé les premières paroles de sa plaidoirie, j'ai été convaincu que c'était M. Parade, du Vaudeville, qui venait défendre les pillards. Même tête, même aspect, même voix. Et pourtant ce n'était pas M. Parade. Je ne dis pas que je ne m'en suis pas consolé, mais je vous assure que sur le moment cela m'a fait quelque chose.

Ah ! Me Lachaud défend M. Ballot, l'ami de Flourens. Me Lachaud, c'est toujours Me Lachaud ! De la vie partout, de l'habileté partout, de la souplesse partout ! et une voix qui tremble, qui caresse, qui maudit, qui pleure, fait d'elle ce qu'elle veut, et des autres ! Quand on ne connaît pas les procédés de M⁰ Lachaud, — toujours les mêmes, il faut l'avouer, — on est ébloui, et c'est éblouissant en vérité. Quand on les connaît, les connaît-on vite ? — on dit : « C'est très-malin ! » Chose grave.

Aujourd'hui on n'a rien dit, mais la belle et patriotique péroraison de M⁰ Lachaud a été saluée d'applaudissements presque unanimes.

En terminant, M⁰ Lachaud élevant le débat, a plaidé non plus pour M. Ballot, mais pour tous les accusés, pour des hommes politiques, peut-être égarés, mais qui ne sont pas, en tout cas, dans l'ordre moral pur, assez coupables pour qu'en cette heure suprême et solennelle, la patrie, sans pitié, oubliant qu'ils sont ses enfants, leur refuse son pardon.

A demain Mégy.

Blois, le 6 août.

Mᵉ Arago, lors de la première audience, avait dit la vérité : les cœurs sont ailleurs ! On ne l'a pas voulu croire. On lui a répondu : « Il ne faut pas que les Prussiens arrêtent le cours de la justice française, » et cela avait semblé convaincant ! Regardez aujourd'hui et jugez : l'émotion, l'inquiétude, la curiosité se lisent sur tous les visages. Il y a dans la salle des Etats des citoyens, des Français, je doute qu'il s'y trouve à cette heure un seul juge, si — comme je le crois — un homme ne mérite ce nom qu'en apportant à l'examen des choses qui lui sont soumises toute la sollicitude, toute l'attention, toutes les forces vives de son esprit.

Tous, je le sais, magistrats, jurés, avocats, s'efforcent de se dégager des préoccupations patriotiques qui les assiégent, et veulent librement remplir leur devoir. Je les défie de le faire. Il y a des tentatives au-dessus des forces humaines. En dominant l'émotion de leur cœur, en domptant les légitimes appréhensions de leur esprit, les jurés de la Haute Cour feraient un acte d'héroïsme, ils ne feraient pas un acte humain. D'ailleurs, les héros sont rares, et aujourd'hui, je ne sais vraiment s'il faudrait admirer celui qui se rencontrerait dans cette enceinte, ou s'il faudrait s'étonner de l'y rencontrer.

Pour mon humble part; j'avoue que je ne me sens pas le courage de me laisser aller à mes petits bavardages de chaque jour. Je crois que l'on m'saura gré de ma discrétion, qui, du reste, n'est pas tout à fait volontaire. Je ne veux pas, mais je crois que si je voulais je ne pourrais pas.

Deux mots de l'audience, et ce sera tout.

Mᵉ Protot (1) a défendu Mégy d'une façon consciencieuse. Il a dû beaucoup travailler son affaire, où les questions de droit les plus délicates tenaient une large part. Il m'a semblé que le haut jury faisait de son mieux pour écouter

---

(1) Délégué à la Justice sous la Commune, actuellement à la campagne.

la plaidoirie de M° Protot. Je dis : il m'a semblé.

M. l'avocat général Lepelletier a répliqué sur l'ensemble du complot, et M. le procureur impérial sur les *barricades*. En commençant, il a parlé de pétrole « que les accusés ne dédaignaient pas plus que les Prussiens ! » Des murmures se sont élevés. Un accusé a crié : Nous sommes plus Français que vous !...

Le 8 août, à 11 heures du soir, après six heures de délibération, la Haute Cour prononça son arrêt.

Dupont, Fontaine, Godinot, Guérin, Greffier, Gromier, Sappia furent condamnés à 15 ans de détention.

Péthiau, Pellerin, Lerenard, Moilin, Grenier, Ballot, Letouzé à 5 ans, Dereure à 3 ans de la même peine.

Mégy fut condamné à 20 ans de travaux forcés ; Beaury à 20 de détention ; Verdier, excusé comme révélateur, à 5 ans de surveillance.

Le 4 septembre, c'est-à-dire trois semaines après, tout ce monde fut mis en liberté.

Les libérateurs ne se faisaient cependant point d'illusion, et savaient parfaitement que ces hommes les haïssaient autant qu'eux ils le méprisaient.

En ce point comme en beaucoup d'autres, ils furent indulgents, modérés. Le 31 octobre, le 21 janvier, la Commune les récompensa. Ils n'eurent pas d'abord de pires ennemis que les Démagogues. Puis les Bonapartistes suivirent les Démagogues, puis d'autres, puis d'autres encore suivirent les Bonapartistes. Actuellement les hommes du 4 septembre sont accablés, outragés par presque tous les partis. Ces injustices de l'opinion ne m'ont pas surpris, et ne me surprennent pas.

Je savais les membres du Gouvernement de la Défense nationale honnêtes et bons pour la plupart.

A cause de cela, je n'ai pas manqué de me dire, tout de suite, en les voyant monter au pouvoir : Voilà des hommes perdus !

FIN.

EN VENTE À LA MÊME LIBRAIRIE

ACTUALITÉS 1871—1872

En Ballon ! Pendant le siège de Paris, souvenirs d'un aéronaute, par Gaston Tissandier. 1 vol. grand in-18 jésus. . . . . 3 fr.

La Terreur et l'Église en 1871. Récits historiques par l'abbé Delmas, vicaire à Saint-Ambroise, l'un des ôtages de la commune. 1 vol. grand in-18, *avec autographe*. . . . . 2 fr.

Les caravanes d'un chirurgien d'ambulances pendant le siège de Paris et sous la Commune, par le D‍r Joulin. 1 vol. in-18 jésus. 2 fr.

Campagne de l'armée du nord en 1870-1871, par le général Faidherbe. 1 vol. grand in-8° avec carte. . . . . 2 fr.

Deuxième armée de la Loire. Opérations de la division de l'armée de Bretagne, par le général Gougeard. 1 vol. grand in-8°. 2 fr.

Histoire intime de la Révolution du 18 mars. Comité central et Commune, par Philibert Audebrand. 1 vol. grand in-18 jésus. 3 fr.

Histoire critique du siége de Paris, par un Officier de marine ayant pris part au siège. 1 fort vol. gr. in-18, avec une *carte*. . . . 3 fr. 50

Histoire de la campagne de 1870-1871 et de la deuxième ambulance dite de la Presse française, par Emmanuel Dommenech. 1 vol. grand in-18. . . . . 3 fr. 50

L'Art de combattre l'armée française, par le prince *Frédéric-Charles* de Prusse, traduit par W. Reymond. Broch. in-18. . . . . 1 fr.

La Journée de Sedan, par le général Ducrot. 1 volume grand in-8° avec cartes. . . . . 3 fr.

Les Prussiens chez nous, par Ed. Fournier. 1 fort vol. gr. in-18 3 fr. 50

Guide-Recueil de Paris brûlé. Récit des événements de mai 1871, notices historiques sur tous les monuments incendiés, plan de Paris colorié et 20 photographies avant et après l'incendie, par Pierre Petit. 1 vol. grand in-18 jésus. . . . . 5 fr.

Les Hommes de la Commune. Biographie complète de tous ses membres, par Jules Clère. 4ᵉ édition, très-augmentée. 1 vol. in-18. 2 fr.

Paris pendant le siége et les 65 jours de la Commune, par J. Dalsème. 1 vol. grand in-18 jésus. . . . . 3 fr.

Paris sous la Commune, par Edouard Moriac (18 mars au 28 mai), précédé des Commentaires d'un blessé, par Henri de Pène. 3ᵉ édition. 1 fort volume grand in-18 jésus. . . . . 3 fr.

Les Mystères de l'Internationale. Son origine, son but, ses chefs, ses moyens d'action, son rôle sous la Commune. 1 vol. in-18 jésus. 1 fr.

Histoire des nouveaux journaux publiés à Paris pendant le siège et sous la Commune, du 4 septembre 1870 au 28 mai 1871, par Firmin Maillard. 1 vol. gr. in-18. . . . . 3 fr.

La Légion d'honneur et la Commune, documents sur le séjour du général Eudes à la Légion d'honneur, publiés par Georges d'Heylli. 1 vol. grand in-18, avec une gravure. . . . . 1 fr.

Le Livre rouge de la Commune. Liste alphabétique de tous ses fonctionnaires, extraits de l'*Officiel*, publiée par Georges d'Heylli. 1 vol. grand in-18. . . . . 2 fr.

La Science pendant le siége de Paris, par Saint-Edme, secrétaire du comité scientifique de la défense de Paris. 1 volume grand in-18 orné de figures dans le texte. . . . . 3 fr.

Trois mois de dictature en Province. — Le Gouvernement de la Défense nationale à Tours, par A. Rivière. 1 vol. in-18. . . . . 2 fr.

Mobiles et Volontaires de la Seine pendant la guerre et les deux sièges, par Arthur de Grandeffe. 1 vol. grand in-18. . . . . . 3 fr.

L'Armée Allemande, son organisation, son armement, sa manière de combattre, par un Général prussien (*M. de Moltke*), traduit de l'allemand par MM. Gunsett et P. de Bouteillier. 1 vol. grand in-18. . . . 2 fr.

www.ingramcontent.com/pod-product-compliance
Lightning Source LLC
Chambersburg PA
CBHW070850170426
43202CB00012B/2016